LES FRÈRES LE NAIN.

NOUVELLES RECHERCHES

SUR LA VIE ET L'ŒUVRE

DES

FRÈRES LE NAIN

PAR

CHAMPFLEURY

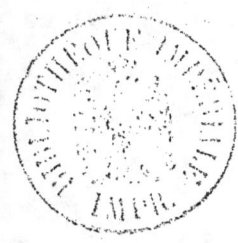

LAON.

IMPRIMERIE DE ÉD. FLEURY, RUE SÉRURIER, 22.

1862

A William BURGER.

Il y a douze ans, quand je publiai l'*Essai sur la vie et l'œuvre des Le Nain*, personne n'avait essayé de démêler l'existence mystérieuse des trois peintres dont s'honore actuellement l'Ecole Française. Quelques rares tentatives annonçaient le retour à l'étude de la réalité, et les Le Nain attendaient patiemment dans les galeries que leurs noms et leurs œuvres sortissent de l'obscurité. Depuis 1852, l'histoire de l'art mieux étudiée, a fait de grands pas. Toute la critique, Charles Blanc, Ph. de Chennevière, Paul Mantz, Eudore Soulié, Philippe Burty, Paul de Saint-Victor, Anatole de Montaiglon, et bien d'autres que j'oublie, ont parlé des Le Nain avec l'admiration que commandent leurs œuvres. Vous êtes revenu, après un long séjour à l'étranger, apporter votre netteté d'impression dans la discussion du réel; et ainsi que la nouvelle école de critique qui se base sur le positif, vous avez signalé les œuvres curieuses perdues dans les cabinets de l'étranger, leurs caractères distinctifs en recouvrant ces exactes constatations d'une esthétique hardie et pleine d'indépendance.

Laissez-moi inscrire votre nom en tête de ce livre comme un gage de l'excellente confraternité qui existe entre tous les esprits voués à l'histoire de l'art, et croyez-moi votre affectueux.

CHAMPFLEURY.

NOUVELLES RECHERCHES

SUR LA VIE ET L'ŒUVRE

DES FRÈRES LE NAIN

I.

DE L'IDÉE FIXE.

Je trouve, dans un volumineux dossier de notes, un feuillet intitulé : « *Le Nain.* — *De l'idée fixe.* »

« Musées de Paris et Musées de province. A visiter.
» Églises.   Id.
» Marchands de tableaux.   Id.
»   Id.   de dessins.   Id.
»   Id.   de gravures.   Id.
» Ne pas craindre de les fatiguer.
» Catalogues à dépouiller.
» Amateurs à consulter.
» Musées particuliers. A visiter.
» Toujours y penser.
» Toujours regarder.
» Voir et *revoir*.
» Plusieurs éditions.
» Voyages. »

J'ai, autant qu'il est possible à l'homme occupé de travaux nombreux, accompli la majeure partie de ce programme exclusivement relatif aux Le Nain : Voyages, recherches dans les bibliothèques, dépouillement de livres, longues contemplations, achats de tableaux, de gravures, discussions sur mes maîtres. Si cette notice pèche par certains endroits, ce sera par l'énorme quantité de matériaux, difficiles à sonder. Le public doit-il entrer dans tous ces détails, et n'y a-t-il pas quelque vanité à faire étalage de tant de recherches ? C'est ce qui m'importe peu. Quand des ouvriers construisent un palais, il ne manque pas de curieux pour regarder les échafaudages en collant leurs yeux contre les planches mal jointes. Les enfants cassent leurs jouets pour examiner ce qu'il y a dedans ; les jeunes gens brûlent d'entrer dans les coulisses d'un théâtre pour voir le fard de plus près. Avant de *décintrer ma voûte*, comme on dit en architecture, je veux montrer les charpentes qui ont supporté les pierres pendant la construction.

II.

BIOGRAPHIE.

Les Le Nain étaient trois frères qui naquirent à Laon, à la fin du XVIᵉ siècle. Laon est une petite ville picarde, qui n'a donné naissance à aucun artiste; quoique la ville fût jadis peuplée d'églises et d'abbayes, il n'est pas démontré que des tableaux de maîtres enrichissaient ces églises, les seuls musées d'alors où des jeunes gens, en contemplant des toiles célèbres, pouvaient sentir le démon de l'art les tenter. Il est prouvé par les papiers des archives qu'en 1793 divers tableaux furent brûlés; mais qu'étaient-ce que ces tableaux? Soissons, Saint-Quentin, Laon, Rheims n'ont guère possédé en ouvrages d'art précieux que leurs monuments religieux, leurs églises et leurs cathédrales. La peinture y semble absolument étrangère, et on ne trouve dans ces villes aucunes traces d'école ni de groupes d'artistes.

Un peintre étranger, dont on n'a pu découvrir le nom, s'établit à Laon, qui donna des leçons de peinture aux frères Le Nain. C'était sans doute un peintre flamand, à en juger par l'influence flamande qui exerça un tel empire sur les frères Le Nain, qu'au XVIII° siècle les rédacteurs de catalogues de ventes de tableaux les inscrivent souvent dans l'école des Pays-Bas (1).

On n'en sait pas plus sur leurs débuts ; il faut faire un grand saut dans leur vie pour les retrouver tous trois membres de l'Académie de peinture, à sa fondation, et assistant à la séance de mars 1648. Quelques mois après, à peu de distance, deux des frères mouraient, dans un âge assez avancé, sans avoir recueilli l'influence que devait leur donner le titre d'académicien.

Ils ont été maîtres-peintres du roi, peintres de la ville de Paris ; ils ont peint des portraits de grands personnages : la reine-mère Anne d'Autriche, Mazarin, Cinq-Mars, la marquise de Forbin ; ils ont décoré de grandes chapelles. Là n'est pas leur gloire.

Si, depuis quinze ans, l'impulsion donnée à l'étude de l'histoire de la peinture en France a fait retrouver quelques-unes

---

(1) « Quel est « ce peintre étranger » qui leur donna les premières leçons, à Laon ? se demande M. W. Burger. Il y a quelque chose d'espagnol dans le superbe tableau intitulé *la Crèche* au musée du Louvre (n° 374), mais il y a surtout du hollandais dans *la Forge* (n° 375), et spécialement beaucoup de Jan Victor, l'élève de Rembrandt, dans le *Repas villageois* (n° 377), et dans la plupart de leurs autres compositions. Cependant, l'influence de Rembrandt et de ses disciples ne saurait être pour rien dans le talent des Le Nain, puisqu'ils étaient déjà reçus peintres à Paris vers 1630 environ. J'avais pensé un moment qu'ils pouvaient bien avoir connu ce bohémien de Brouwer ; mais, comme il ne vint à Paris que vers 1635, après avoir été reçu en 1631-32 dans la Gilde d'Anvers, encore ne peut-il avoir été l'initiateur des Le Nain. Entre eux et lui, d'ailleurs, les analogies ne sont qu'extrêmement éloignées, comme énergie des tournures, profondeur des caractères et habileté de pratique. »

de leurs toiles, le sentiment populaire ne s'était jamais égaré sur le compte des Le Nain, quoique leur œuvre populaire se bornât presque au seul tableau de *la Forge*, de la galerie française du Louvre.

Dans l'histoire de la peinture, les frères Le Nain occupent une place singulière et presque légendaire qu'il faut attribuer à leur vie peu connue, à la mort qui les a enlevés à quelques mois de distance, et aussi à l'opinion étrange que tous les biographes se sont accordés à ne faire des trois pinceaux qu'un seul, car leur constante union fraternelle s'est transformée par la tradition en une même façon de peindre, en trois cerveaux frappés des mêmes sujets, en trois artistes placés devant le même chevalet, se servant de la même palette, vivant ensemble, mourant ensemble.

Il m'a fallu de longues recherches pour n'aboutir qu'à des hypothèses que je soumettrai humblement en leur lieu et place ; pour l'instant, je constate que les trois frères ont bénéficié devant la postérité de l'obscurité attachée à toute leur vie ; car la réputation semble s'attacher particulièrement dans l'avenir aux hommes qui l'ont le moins recherchée de leur vivant.

Chaque artiste dont la vie est inéclaircie fournit une sorte de chasse perpétuelle aux curieux. Les Le Nain partagent l'obscurité biographique des Holbein et des Clouet, qui ont donné trois ou quatre grands peintres du même nom par famille ; mais Molière et Shakspeare, sur lesquels il reste peu de renseignements positifs et qui ont laissé seulement des signatures comme les traces les plus matérielles de leurs actes, ne sont-ils pas plus intéressants que si des correspondances nombreuses éclaircissaient leur vie de chaque jour? Sans assimiler les frères Le Nain à ces grands génies, plus d'un trait leur est commun. La postérité n'a pas connu leur figure; si j'ai retrouvé au musée du Puy le portrait d'un des Le Nain, naissance, vie privée, vie publique, fortune, mort, faits, gestes, physionomie, tout est couvert d'un voile dans cette singulière existence à trois qu'il faut essayer de pénétrer au moyen des œuvres.

Les Le Nain furent les peintres des pauvres gens : on pourrait presque en conclure qu'ils furent pauvres eux-mêmes. Teniers aussi était le peintre des paysans, et il avait un château à tourelles; mais quelle différence sépare le Flamand de nos Picards! Si Louis XIV ordonne qu'on écarte de Sa Majesté ces *magots* pleins de boisson, il se trouve assez de puissants personnages pour se divertir à la vue de *bamboches* au nez rouge, petits, bancroches et mal tournés, les jambes cagneuses, qui ne quittent ni leurs pipes ni leurs chopes, et accomplissent leurs passions et leurs besoins naturels sans s'inquiéter de la pruderie des spectateurs.

Le pinceau de Teniers appartient à un être plein de santé qui peint des êtres burlesques, un peu *farces*.

Les Le Nain sont des esprits mélancoliques, graves, parlant sagement, réfléchis, peu actifs, lourds, étudiant les paysans à la ferme, jamais au cabaret; la joie, qui rallie même les natures distinguées à la représentation des gens de basse condition, est absente de leur œuvre. On boit souvent dans leurs tableaux; mais qui est-ce qui boit? Un homme âgé, dans un coin, tenant une gourde grossière, et retrouvant dans quelques gorgées de vin une partie de ses forces dépensées au travail.

Les Le Nain chantent la vie de famille. Combien de fois ont-ils représenté la ménagère tenant dans ses bras le poupon enveloppé dans une couverture, et autour d'elle de nombreux enfants de toute taille, presque graves, qui ne veulent pas troubler le repos du grand-père qui boit. Les travaux de la ferme, un repas grossier après le travail, les animaux qu'on conduit à l'abreuvoir, tels sont leurs sujets qui tous pourraient s'intituler : *Intérieur de ferme* ou le *Repas à la ferme*. Tous ces personnages, hommes, femmes, enfants sous rient doucement, et à travers ce sourire perce une sorte de tristesse. Souvent encore, les Le Nain ont peint un vieux flûteur entouré de charmants enfants bouclés qui prêtent une oreille attentive à la musique simple qui sort de cette flûte naïve.

On peut donner une façon matérielle de reconnaître les tableaux des Le Nain, à l'entassement des chaudrons, écuelles, légumes, qui se trouvent souvent sur le premier plan ; mais la personnalité des peintres laonnois n'a pas besoin de cette vulgaire indication.

Ce sont des peintres de pauvres gens.

Telle est leur œuvre, tels sont les Le Nain. Ils ont peint des portraits, des scènes de corps-de-garde, des tableaux d'église, et ils y ont apporté leur *manière* ; mais ce ne sont ni les seigneurs, ni les saints, ni les soldats, qui les ont rendus populaires, ce sont les paysans et les pauvres, car ils se sont complu à peindre les guenilles, quoique leurs familles de paysans soient propres, aimant le travail. La misère n'habite pas précisément ces logis que leur pinceau a décrits tant de fois ; mais qu'il se trouve au premier plan, un vieillard enveloppé dans un long manteau, et ce manteau sera raccommodé de nombreuses pièces, effiloché sans recherche du faux *pittoresque*, et on croirait, selon eux, que le travail des champs et une vie constamment occupée ne peuvent mener qu'à une honnête misère.

Depuis leur départ de Laon jusqu'à leur entrée à l'Académie, on ne connaît rien de la vie des peintres. Nécessairement, pour étudier les pauvres gens, les Le Nain ont dû vivre à la campagne longtemps. Dans quelle partie de la France ? Les physionomies de leurs personnages ont un tel accent, que j'ai cru d'abord qu'il serait facile de reconnaître les endroits qu'ils avaient fréquentés assidûment : la Picardie, leur pays, la Champagne voisine, les Flandres, qui y touchent. J'ai un peu voyagé dans ces contrées et d'autres, je n'y ai pas retrouvé les types qui ont servi aux Le Nain (1).

(1) Je viens de faire un tour au Louvre pendant la correction des épreuves de la présente étude, et en regardant attentivement les *Intérieurs de ferme* de Le Nain (n°s 376 et 377 du catalogue de l'école française), un détail m'a frappé que j'avais négligé jusqu'alors: il s'agit des poteries qui sont au premier plan du *Repas villageois*, n° 377. Par leur forme, leur couleur et leur vernis, ces poteries sont du Midi. Il n'existe pas dans le Nord de telles poteries dont une surtout ne manque pas d'élégance. Les Le Nain ont donc parcouru le Midi. Ceux qui seraient tentés de sourire de cette sorte d'investigations à la manière d'un juge d'instruction, peuvent regarder dans le même tableau une figure qui ne se voit jamais chez les Le Nain : une sorte de *contrebandier* des Pyrénées, accoudé sur son âne, et regardant le modeste repas de famille du père et des enfants. Il semble dire : « Là est le bonheur. »

A vrai dire, ils n'ont guère qu'un type d'homme, un type de femme, un type de vieillard et quelques types d'enfant. Ce n'est pas la variété des physionomies qu'ils ont cherchée. On pourrait dire qu'ils ont longtemps vécu dans une famille, et qu'ils en ont reproduit les quelques acteurs dans mille drames, se contentant, ainsi que beaucoup de peintres, d'avoir rencontré des physionomies qui cadraient avec leurs sentiments.

Plus d'un artiste a en lui un idéal chéri qu'il lui suffit d'accuser une fois et qu'il reproduit sans cesse et toujours, cherchant la variété dans la pratique de l'art, demandant à la couleur, à la ligne, à l'harmonie des tons, des combinaisons qui sont sa manière de progresser. Du sujet et des personnages, ces natures en font peu de cas; toutes leurs méditations sont tournées vers la palette. L'histoire de la peinture en Flandre suffit à le démontrer.

Et certainement les Le Nain avaient été élevés à l'école flamande, par un maître flamand, par la vue de tableaux flamands qui ont eu une grande influence sur leur avenir. Ils sont tout à la fois Flamands et Espagnols; un annotateur de catalogues du xviii° siècle ne manquait jamais de définir ainsi leurs toiles : « dans le goût de *Morillos* », et cet annotateur avait quelque clairvoyance. Par le costume, ils sont souvent Flamands, par le pinceau Espagnols. Il y a là des délicatesses à trouver pour me faire bien comprendre, car en même temps ils sont très Français. Ils ont étudié profondément les maîtres des deux écoles, au point d'en garder des traces visibles, et en même temps ils possèdent un *accent* qui n'appartient à personne, une façon de grouper les personnages maladroite, une manière de peindre souvent plâtreuse et triste; leurs figures des premiers plans sont rarement en harmonie avec celles du fond, qu'on croirait éloignées d'une lieue; ce sont des acteurs qui viennent sur le devant de la toile chanter le couplet final au public. Les Le Nain ont mille défauts, et ce sont de grands peintres qu'on ne peut oublier quand on les a vus une fois.

Placez un tableau de Le Nain dans une galerie composée de maîtres flamands, italiens, espagnols, français, et vous serez étonné par cette singulière peinture âpre, crayeuse, mélancolique, simple, qui ne se retrouve chez aucun artiste.

Ce n'est pas tant la nature de leurs sujets que leur façon de peindre qui frappe. Une harmonie particulière s'échappe de chacune de leurs toiles, harmonie naïve qui se restreint elle-même, dédaigne les ressources de la palette et se contente quelquefois de trois ou quatre tons. Certains de leurs tableaux pourraient être dits monochromiques, car l'œil n'est frappé que d'une localité grise rehaussée à peine par un certain rouge affaibli. Leur caractère principal est une couleur sobre, *protestante*; le plus souvent une impression d'un vert sombre ressort de la vue de ces tableaux tranquilles où la couleur s'allie et fait corps avec le sujet.

Il en est d'eux comme de ces écrivains sans prétention, dont le style a pour privilège d'ameuter tous les pédants. « Ils ne savent pas écrire, » disent les cuistres qui ne trouvent dans aucune rhétorique la recette de cette forme simple; la phrase étant moulée étroitement à la pensée, étonne les précieux et les chercheurs de mots dorés. Ce n'est pourtant qu'après de longues études que les écrivains enthousiastes du naturel ont fini par fondre dans le même creuset l'idée et la forme et à les tasser en un lingot si pur qu'on n'en saurait voir le prix tout d'abord. N'est-ce pas le grand secret de l'Art ? Les Le Nain sont certainement un des types les plus curieux de cette simplicité apparente, obtenue avec efforts, qui, au premier coup d'œil, semble couler de source.

En art tout ce qui paraît simple est compliqué.

Le suprême triomphe de l'artiste est de cacher au curieux le travail de l'atelier et du cabinet. Si la peine, la difficulté vaincue, la recherche, le pénible s'aperçoivent par quelque coin, la fonte est défectueuse. Chardin, dont nous connaissons l'intelligence par Diderot, ne peignait pas sans de longues réflexions ces petits tableaux d'intérieur, dont l'étude et le travail sont enfouis profondément sous une apparente bonhomie, et n'est-ce pas à cet enfouissement, à ce labeur, à ces réflexions qu'est due la réputation des maîtres ? En regardant une toile brillamment exécutée, séduisante et pompeuse au premier coup d'œil, il est rare qu'elle *tienne*. Peinte facilement, comprise facilement, elle passera facilement. A une seconde inspection, le charme diminue et toujours va baissant à devenir insupportable dans un cabinet où on l'aurait fréquemment sous les yeux. Telle œuvre, au contraire sans qualités apparentes, âpre plutôt que séduisante, gagne à être regardée comme ces femmes modestes, au fond des yeux desquels gisent des qualités exquises, inconnues au vulgaire.

Les Le Nain ont eu beaucoup de défauts ; mais ce sont les

défauts de leurs qualités, et si les qualités sont grandes, l'esprit philosophique faisant la part de la nature, si incomplète, oublie ces défauts pour n'être plus charmé que des qualités.

Leur façon de composer est anti-académique; elle échappe aux plus simples lois, ils ne s'inquiètent pas de grouper leurs personnages. C'est évidemment une des causes qui attirent le regard vers un tableau des Le Nain, placé au milieu des grands maîtres qui leur sont supérieurs. Ils ont cherché la réalité jusque dans leur inhabileté à placer des figures isolées au milieu de la toile; par là, ils sont les pères des tentatives actuelles, et leur réputation ne peut que s'accroître. J'avoue même ma faiblesse pour leurs maladresses, sans l'ériger en principe; mais ayant longtemps vécu dans l'intimité de ces maîtres, un peu d'enthousiasme me sera pardonné. Il m'importe médiocrement qu'une figure ne soit pas à son plan et qu'au fond d'une chambre elle paraisse éloignée d'un quart de lieue. Il en arrive ainsi dans presque tous les tableaux des Le Nain. Cette maladresse devient leur signature, et un Le Nain sans maladresse m'étonnerait. Si d'éminentes qualités rachètent cette faute de détail, je passe sur la faute pour courir aux qualités. Ce sont les esprits étroits qui s'attachent à la faute; sans enthousiasme et sans intelligence, ils développent leur sens critique pour afficher, auprès du vulgaire, des façons de magister qui en imposent à la foule. Par ce fait seul qu'il se pose en critique de profession, un homme finit par persuader qu'il a en lui une perception souveraine qui manque à la foule. En critiquant, c'est comme une école qu'il ouvre, dont chacun doit payer les frais. Le plus souvent il n'enseigne que des platitudes, il répète les mêmes qu'un autre critique a dites avant lui; un autre viendra qui reprendra son fond d'enseignement banal; qu'importe, il est critique, se pose en défenseur du Beau, évoque des noms solennels, emploie une sorte d'esthétique douteuse, gémit sur les tendances actuelles, pleure sur la décadence de l'Art, n'apporte à la place des recherches et des Faits qu'un certain Beau nuageux, étonne les gens pendant trente ans, médit des forts et des puissants parce qu'il jalouse le travail et la production, chante les médiocres pour les opposer aux forts, et meurt un jour, laissant une collection d'articles que deux ans après on essaie de relire sans comprendre leur influence; et quoique le secret de ces pédants soit connu depuis le commencement du monde, il se trouvera encore des successeurs et d'autres, et toujours ainsi.

Heureusement, la critique n'était pas constituée sous Louis XIII. Nous aurions, à propos des tableaux des Le Nain, des volumes d'esthétique vulgaire, la *faute* d'orthographe montrée dans chaque toile et autres niaiseries pédantesques qui n'auraient sans doute pas troublé nos peintres, car leur tempérament s'accuse trop ferme dans chaque tableau pour qu'ils aient prêté l'oreille à de prétentieux conseils.

Écoutons ce que dit l'académique Félibien, auteur des *Entretiens sur les vies et ouvrages des plus excellents peintres anciens et modernes?* Dans ce lourd volume conversent ensemble un certain *Pymandre* et Félibien lui-même.

« Les Nains frères faisoient des portraits et des histoires, mais d'une manière peu noble, représentant souvent des manières simples et sans beauté. » En deux lignes, il a suffi au pédant de monter en chaire; il ne parle pas longtemps, il est vrai, mais il parle de haut, et il attend ce que va lui répondre Pymandre. — « J'ai vu, interrompit Pymandre, de leurs tableaux; mais j'avoue que je ne pouvais m'arrêter à considérer ces actions basses et souvent ridicules. »

Honnête Pymandre, tu tiens pour le style; malgré ton faux nez, je te reconnais, tu n'es autre que le sieur Félibien lui-même. Écoutons encore le sieur Félibien et sa parole d'or : « Les ouvrages où l'esprit a peu de part deviennent bientôt ennuyeux. Ce n'est pas que quand il y a de la vraisemblance et que les choses y sont exprimées avec art, ces mêmes choses ne surprennent d'abord et ne plaisent pendant quelque temps avant de nous ennuyer. C'est pourquoi, comme ces sortes de peinture ne peuvent divertir qu'un moment et par intervalle, on voit peu de personnes connaissantes qui s'y attachent beaucoup. »

Quel enseignement pour le public quand il a lu une telle critique, qui a servi de type depuis si longtemps et en servira toujours! Heureusement les Le Nain ne l'ont pas connue; ce volume ne parut guères que trente ans après leur mort. (Les *Entretiens* de Félibien sont de 1688.) Manque de noblesse, sujets sans beauté, actions basses, drames sans esprit, tel est le résumé du pédagogue, qui cependant a livré son secret. Il parle trop souvent de l'*ennui* qu'il éprouve à la vue des toiles de Le Nain; en moins de trois lignes, il y revient à deux fois; il y voudrait plus de *divertissement*. Ce Félibien était certainement un hypocondriaque ; il est resté trop longtemps assis dans son fauteuil à fouiller de vieux papiers ; il y a attrapé quelque gravelle, quelque désordre dans les reins ; ces sortes de *calculs* le rendent désagréable, aigrissent son caractère, sa plume s'en ressent ; il en arrive à la critique inutile, il blâme en s'appuyant sur des mots vagues, il condamne sans preuves ; il meurt, laissant malheureusement une foule d'héritiers, de *Pymandre* qui continueront sa tradition dans l'avenir, affectés, comme leur parent, de la même maladie de gravelle et de dénigrement.

J'aime mieux Sauval, l'historien de Paris, l'homme qui se préoccupe seulement du Fait et ne s'inquiète guère d'esthétique. Il a écrit cinq lignes sur les Le Nain ; mais ce sont cinq lignes pleines d'enseignement.

« La voûte de la chapelle de la Vierge (1) est peinte par les Le Nain ; ces trois frères excelloient à faire des têtes, aussi ont-ils réussi merveilleusement dans celles des figures qu'ils y ont fait entrer, aux figures de l'Assomption et du Couronnement de la Vierge ; toutes ces têtes, au reste, sont d'après nature, si belles et si proprement appliquées au sujet qu'il ne se peut pas mieux. »

Ces quelques lignes écrites en 1720 (2), le paragraphe du raisonneur Félibien en 1688, et le nom de Le Nain écrit en tête d'un quatrain composé par Scudéry en l'honneur de Mazarin (année 1646), forment tout ce qui a été imprimé de

---

(1) A l'abbaye Saint-Germain-des-Prés.
(2) Le livre de Sauval ne parut qu'en 1720, après sa mort.

leur vivant sur l'œuvre des peintres laonnois, et quelques années après leur mort.

Je n'ai pas besoin de dire combien de livres, mémoires du temps, collections, j'ai remués et visités pour essayer d'en apprendre davantage. Avec les manuscrits de dom Leleu, dont il sera question dans le chapitre suivant, Scudéri, Félibien et Sauval sont les seuls qui se soient occupés des Le Nain.

Le bagage de renseignements n'est pas lourd ; mais il suffit à montrer qu'ils peignaient des toiles pour les églises (Sauval), des portraits (Scudéri), des histoires (Félibien), des scènes basses (*idem* Félibien).

Nous avons des échantillons curieux de ces trois natures de tableaux si diverses. Les toiles religieuses (celles du Louvre et de l'église Saint-Etienne-du-Mont) ne me frappent pas autant que leurs tableaux d'intérieur ; je les décrirai plus au long dans le chapitre relatif aux tableaux religieux. Entre les portraits, celui que j'ai vu, le *Cinq-Mars*, faisant jadis partie de la collection du roi Louis-Philippe, au Palais-Royal, est une œuvre curieuse autant par la peinture que par la curiosité historique qui s'y attache; mais ce n'est pas encore le terrain sur lequel il faut se placer pour juger les Le Nain et essayer de démêler la part qu'ils ont prise à une œuvre considérable. Ce que le sieur Félibien appelle *histoire*, est-il ce que dom Leleu appellera *batailles ?* Il n'en reste aucune trace dans aucune galerie. Tous nous avons vu ces toiles importantes, représentant des *Intérieurs de corps-de-garde*, qui se trouvent dans les galeries particulières, et que malheureusement le Louvre a laissé passer sans les acquérir, car le Corps-de-garde, faisant partie de la collection Pastoret, que M. Charles Blanc a fait graver dans son *Histoire des peintres*, était certainement l'œuvre capitale, non pas des Le Nain seulement, mais de l'École française. Ici Le Nain s'élève à la hauteur des meilleurs maîtres des Flandres et de l'Espagne. La composition devient savante; le ton prend une puissance de maître, et on comprend, en voyant une telle œuvre, quelle place tenait Le Nain dans les riches cabinets d'amateurs du siècle dernier et le prix qu'il atteignait quand la mort du propriétaire dispersait au feu des enchères tant de richesses accumulées.

Je retrouve des toiles des Le Nain dans les cabinets de M. Crozat, baron de Thiers (1755), du comte de Vence (1759), de Troy, directeur de l'Académie de Rome (1764), du duc de Choiseul (1772), du marquis de Lassay (1775), de Randon de Boisset (1777), de la comtesse du Barry (1777), du comte du Barry (....), du prince de Conti (1777), de son Altesse Monseigneur Christient, duc des Deux-Ponts (1778), de madame de Julienne (1778), de l'abbé de Gévigney, garde des titres et généalogies de la bibliothèque du roi (1779), de M. Poullain, receveur général des domaines du roi (1780), du duc de la Vallière (1784), de Le Roy de Senneville (1784), de M. de Montriblond (1784), de Nourri, conseiller au grand conseil (1785), du Bailli de Breteuil (1786), de M. d'Ennery, écuyer (1786), de M. de Wailly, architecte du roi (1788), de M. de Nanteuil (1792), du citoyen La Reynière (1793), de M. de Saint-Yves (1805), de M. de Sylvestre, maître à dessiner des enfants de France (1810), de M. de Solirène (1812), de Godefroy, ancien contrôleur-général de la marine (1817), de Lagrenée l'aîné, peintre du roi (1814), de M. de Livry, (1814), de M. de l'Espinasse (1815), de Robert de Saint-Victor (1822), du comte de Walsterstorff, ministre plénipotentiaire du Danemarck (1824), du baron Denon (1826), du baron Tardif, maréchal-de-camp (1827), de Casimir Périer (1838), du cardinal Fesch (1814), de Pinel-Granchamp (1850).

Les noms de la plupart de ces amateurs illustres et les prix auxquels ont été vendus les tableaux de Le Nain (1) montrent assez que la mémoire du maître ne s'est jamais effacée, même aux époques où le goût était tourné vers le *joli*. Et cependant leurs tableaux étaient le contraire du joli. Le doyen des critiques d'art, M. Delécluze, regarde « la voie simple qu'avait ouverte Le Nain comme bien au-dessus du genre imaginaire et fantastique, tel que Watteau l'a traité. » Je ne discuterai pas cette opinion ; les oppositions de maîtres, la comparaison des anciens et des modernes peuvent fournir de longues thèses, mais sans grande utilité. Watteau est Watteau, Le Nain est Le Nain. Si ma nature me pousse vers Le Nain, je ne saurais empêcher les esprits de fantaisie de s'enthousiasmer devant les masques italiens, les comédiennes et les embarquements amoureux ; mais on a calomnié le xviiie siècle en l'affublant exclusivement de galanterie. L'époque de la Régence n'a rien de commun avec le règne de Louis XV, et la Révolution arrive à pas de géant qui transforme l'art nettement. Quelques-uns personnifient le xviiie siècle dans Boucher, qui oublient que déjà sous Louis XVI commence

(1) Au xviiie siècle, les toiles importantes de Le Nain ont atteint souvent les prix de 1,500 à 3,000 livres.

la réaction de l'antiquité. A une époque où Chardin était
prôné par les encyclopédistes, il n'est pas singulier que Le
Nain ait tenu une si grande place dans les galeries. Ils sont
presque de la même famille ; l'un peint des paysans, l'autre
la bourgeoisie, et M. Delécluze est dans le vrai quand il dit
encore : « Nous n'avons eu que deux peintres de genre depuis
le commencement du xvii° siècle jusqu'en 1779, Le Nain et
Chardin » ; mais Le Nain n'a pas le charme de Chardin ; il le
cherche moins. Chardin est un bonhomme souriant et malin,
qui porte une certaine élégance dans le domestique et de la
vie n'a montré que le côté aimable. Ses mères de famille et
ses enfants grondés sont pleins de coquetterie dans l'ajuste-
ment. Les enfants pleurent rarement, car la mère gronde du
bout des lèvres. La vie apparaît gaie dans ses appartements
clairs. Les personnages de Le Nain ont un fond presque
soucieux ; leur vie est dure et pénible, le travail les guette
aussitôt après le repas. J'ai connu des gens qui trouvaient
leur peinture *triste*, et certains de leurs tableaux m'ont fait
penser à la Champagne Pouilleuse aux terrains crayeux.

III.

MANUSCRIT DE DOM LELEU RELATIF AUX LE NAIN.

Malgré les recherches auxquelles de bons esprits se livrent journellement sur les origines de l'art en France, il n'en reste pas moins des points obscurs que seul pourra éclairer le classement complet des archives de province; aussi me suis-je toujours adressé à la ville qui a vu naître les Le Nain, et de loin en loin j'en ai rapporté quelque document important. Si les registres manuscrits de l'École des Beaux-Arts m'ont fourni jadis de précieux renseignements (1), ne dois-je pas rapporter

(1) *Essai sur la vie et l'œuvre des Lenain peintres laonnois*. Brochure in-8°. Laon, 1850. — J'adopte aujourd'hui le nom de *Le Nain* avec sa division en deux syllabes, comme il était d'usage à cette époque : *Le Brun*, *Le Sueur*, et même plus tard *La Tour*, tous noms qu'un peu plus tard la bourgeoisie revendiquera comme siens, faisant rentrer ce *Le*, qui frise le titre de noblesse, dans le corps du nom. Tous Les Le Nain du xvII° et du xvIII° siècles, à quelque condition qu'ils appartinssent, orthographiaient en deux mots; j'en citerai quelques-uns, quoique rien n'indique leur parenté avec les peintres. Le Nain, conseiller aux enquêtes (1636). Le Nain de Tillemont, écrivain ecclésiastique (1678). Le Nain, avocat général au parlement du roi (1709). Le Nain, doyen du parlement (1719). Le Nain, conseiller d'Etat et intendant de Languedoc (1750).

à la province les seuls détails biographiques certains puisés dans les manuscrits de dom Leleu ?

C'est à Laon qu'a été retrouvé aux archives un acte de vente, du 28 octobre 1668, passé entre des Le Nain, acte que je cite dans un chapitre suivant. Les manuscrits de Mariette n'ont apporté aucun renseignement nouveau. Mariette, pour ce qui regarde les Le Nain, ne pouvait connaître que des *on dit*. Son opinion est celle d'un amateur consciencieux qui a vu seulement des tableaux : aussi n'est-ce pas sur Mariette que je comptais.

Pour écrire aujourd'hui une utile biographie, il est un principe absolu : aller d'abord à la source des renseignements, rechercher le *premier* écrivain qui ait parlé de l'homme dont on s'occupe, et s'inquiéter de la certitude qu'on doit accorder à ce premier écrivain.

Dom Grenier, en recueillant en Picardie de précieuses notes sur les hommes et les évènements, montrait aux nouvelles générations la méthode à suivre. Aujourd'hui les esprits intelligents de province, sans appartenir à des congrégations religieuses, suivent la route tracée et, dans leurs moments de loisir, amassent des matériaux bien plus considérables que ceux des Bénédictins. Cependant la biographie des Le Nain, donnée par dom Grenier, ne me suffisait pas. Il n'était pas le premier biographe ! Une phrase m'était restée dans l'esprit depuis dix ans :

« Les *mémoires manuscrits de M. Leleu sur la ville de Laon*, disait dom Grenier, nous apprennent que les trois frères Le Nain, d'un caractère différent, furent formés à Laon par un peintre étranger, qui leur donna les éléments de la peinture pendant l'espace d'un an. » Ainsi, dom Grenier avait puisé les principaux matériaux de sa notice dans les mémoires manuscrits de dom Leleu sur la ville de Laon. C'étaient ces mémoires qu'il s'agissait de retrouver. Pendant huit ans je les fis chercher à Laon sans résultats, lorsqu'enfin le bibliothécaire de la ville m'envoya une copie du passage suivant du manuscrit de dom Leleu :

« LES LE NAIN. — ANNÉE 1632.

« *En ce temps fleurirent* trois habiles peintres natifs de Laon, qui étaient frères et *vivaient dans une parfaite union* ; savoir, Antoine, Louis et Mathieu Le Nain. Ils suivirent le goût et l'inclination qu'ils avaient pour la peinture ; ils furent formés dans cet art par un peintre étranger qui les instruisit et leur montra les règles de cet art, à Laon, pendant l'espace d'un an ; de là ils passèrent à Paris, où ils se perfectionnèrent et s'établirent tous trois dans une même maison.

» Leurs caractères étaient différents. Antoine, qui était l'aîné et qui avait été reçu peintre à Saint-Germain-des-Prés par le sieur Plantin, avocat en la cour et bailly dudit Saint-Germain, le 16 mai 1629, excellait pour les miniatures et les portraits en raccourci.

» Louis, le cadet, réussissait dans les portraits *qui sont à demi-corps et en forme de buste*.

» Mathieu, qui était le dernier, était pour les grands tableaux, comme ceux qui représentent *les mystères, les martyres des saints, les batailles,* etc.

» Tous les trois étaient *maîtres peintres du Roi* et furent reçus en même temps à l'Académie royale de peinture et sculpture. Leurs lettres de réception sont datées du 1er mars 1648 et contre-signées par le sieur Le Brun, fameux peintre, l'un des anciens de ladite Académie.

» Antoine et Louis moururent l'un et l'autre en trois jours de temps, sans avoir été mariés.

» Mathieu leur survécut. Il avait été reçu peintre de la ville de Paris par le prévôt des marchands et les échevins de l'hôtel de ladite ville, le 22 août 1633.

» Le 26 août 1639, il fut reçu lieutenant de la compagnie de sieur Dury, capitaine en la colonnelle du sieur de Sève, *seigneur de Chastignonville, en présence du prévôt des marchands et des échevins de la ville de Paris.*

» Le 13 septembre 1662, il obtint des lettres de committimus en qualité de peintre de l'Académie royale de peinture.

» On rapporte de lui que, tirant un jour la reine Anne d'Autriche, le roi Louis XIII, qui était présent, dit que la reine n'avait jamais été peinte dans un si beau jour.

» Il y a dans plusieurs endroits de la ville de Laon des tableaux de la façon de ces peintres, *comme en l'église de Saint-Remi-à-la-Place* une *Cène* qui est à la chapelle du Saint-Sacrement ; à Sainte-Benoîte, le tableau du maître-autel ; aux Cordeliers, le tableau représentant *le martyre de saint Crespin et Crespinien.* — *Mathieu-Claude Le Nain, prêtre licencié de Sorbonne, chanoine de Laon et habile prédicateur, est leur petit-neveu.* »

J'ai souligné à dessein quelques passages de la présente citation. en comparant la notice de dom Leleu et celle de dom Grenier, qui a presque copié toutes les notes du précédent biographe ; mais comme la vie des Le Nain est très-obscure, que les renseignements manquent absolument, chaque mot qui les regarde est important, et on en peut tirer quelques conséquences.

1° *En ce temps fleurirent.* Quoique le mot *florissait* fût alors une sorte de *cliché* qu'on appliquait à toutes sortes d'artistes, il n'en reste pas moins démontré qu'en 1632 les frères Le Nain avaient déjà une réputation consacrée.

2° *Vivaient dans une parfaite union.* La vue des tableaux de Le Nain ne suffit-elle pas à démontrer l'intimité de ces peintres de pauvres gens ; mais dom Leleu a voulu certainement faire entendre par cette phrase que nos trois peintres avaient la même religion pour l'art, qu'ils cherchaient le même idéal, d'où la tradition répandue par les *ana* qu'ils se mettaient à trois pour peindre le même tableau, ce qui ne se peut admettre, ce que dément leur variation de manières et de sujets, et ce que démontrerait au besoin la seule notice de dom Leleu.

Comment expliquer de la peinture à trois, sinon par diverses hypothèses hasardées ? Veut-on que l'un des frères, l'homme à imagination, conçût un sujet que le second ébauchait et que le troisième retouchait ? L'un faisait-il le paysage, l'autre les hommes et le dernier les accessoires ? Cela s'est vu chez divers paysagistes flamands qui se sont associés à des peintres de figures. Cela se pratique aujourd'hui en grand au théâtre, où les faiseurs ont tant d'intérêt à la division du travail. Il est même des poëtes (chose bizarre) qui s'accouplent pour faire des tragédies et des comédies en vers ; mais ce sont des versificateurs qui, s'inquiétant seulement du vers, coulent une langue médiocre dans un moule vulgaire. Dans l'industrie, une épingle passe par les mains de dix ouvriers, et une poupée de cinquante centimes a occupé vingt ouvrières. Mélodrames, tragédies en collaboration, épingles et poupées n'ont rien de commun avec l'art. Les frères Le Nain ne procédaient pas ainsi ; leurs tableaux, quoique ayant tous un air de famille, se distinguent par des variantes singulières dans l'exécution. Ils ont peint des tableaux d'église, des portraits et des tableaux de genre ; mais dans ces derniers surtout on est frappé tantôt par des faiblesses d'exécution, tantôt par des beautés de premier ordre, qui n'ont pu sortir du même pinceau. Afin que tout le monde me comprenne et puisse vérifier ce que j'avance, je ne sortirai pas du musée du Louvre qui renferme une œuvre admirée de tous, *la Forge*, et je mettrai en regard *l'Abreuvoir* et *le Repas villageois*, exposés seulement depuis 1848. Ce sont là deux faibles toiles des Le Nain, qui donnent presque raison aux rédacteurs des catalogues du xviiie siècle, qui souvent désignaient un tableau « du *bon* Nain » pour faire connaître que ce n'était pas un de ces nombreux tableaux d'un ton plâtreux, à l'aspect *embu*, d'un dessin lourd, qui n'en ont pas moins une physionomie toute particulière, mais qui semblent des tableaux *de commerce*, faits à la hâte, et n'offrent que les défauts des Le Nain. L'homme qui a peint les deux scènes rustiques de la galerie française n'est pas le même homme qui a peint *la Forge*. Et cependant ceux qui ont étudié profondément la *manière* et le caractère particulier de la peinture des Le Nain ne sauraient contester l'authenticité de ces deux intérieurs de ferme. Un des frères était plus faible ; là est la seule raison probable. Mais personne ne saurait dire : ce tableau est de Louis, celui-ci d'Antoine, celui-ci de Mathieu, et je ne peux me ranger à l'interrogation du savant W. Burger qui a écrit : « Lequel des trois frères fut l'auteur des paysanneries qui s'écartent si audacieusement des sujets et du style consacrés au XVIIe siècle. Bien sûr, ce n'était pas Louis, surnommé le *Romain*, qui s'abandonnait à ces hérésies. Etait-ce Antoine, mort en 1648, ou Mathieu, mort en 1677 ? Tous les deux peut-être. »

3° *Qui sont à demi-corps et en forme de buste*. Fait important pour découvrir plus tard leurs portraits. Ainsi il est prouvé que Louis Le Nain, le cadet, faisait des portraits à demi-corps, en forme de buste. Le grand portrait de Cinq-Mars, tiré de la galerie du Palais-Royal, qui est l'un des deux portraits authentiques peints par Le Nain, montre qu'il peignait des portraits en pied ; mais, faisant de grands portraits historiés, il peignait évidemment des portraits en buste.

4° *Les mystères, les martyres des saints, les batailles*, etc. Pour la première fois, il est dit que Mathieu Le Nain peignait des *batailles*. On n'en connaît pas ; mais il n'y a rien de surprenant quand on songe aux tableaux de corps de garde dont le plus admirable échantillon, provenant de la galerie du cardinal Fesch, fut acheté par M. le marquis de Pastoret. L'un des frères a dû suivre la vie des camps et longtemps étudier les mœurs des soldats au corps de garde. J'ai vu passer un de ces tableaux en vente publique qui ne valait pas l'admirable *Corps de garde* de M. de Pastoret, mais qui indiquait un peintre connaissant les soldats aussi bien que Leduc (1). Peut-être

---

(1) C'est une grande toile de 125 de largeur sur 85 de hauteur.
Des soldats sont entrés pour se reposer à l'auberge. L'un dort, le dos

retrouvera-t-on un jour ces tableaux de batailles, à moins que dom Leleu n'ait gratifié ses compatriotes de toutes les facultés, car quand il parle de *mystères*, de *martyres*, de *saints* peints par les Le Nain, il faut entendre des tableaux religieux. Il n'y a que les Espagnols qui aient rendu par le pinceau les *mystères* et les *martyres*; il les ont peints assez souvent pour créer une classification; en Espagne on a vu des peintres voués à la représentation violente et cruelle des martyres. La France a toujours eu peur de ce réalisme brutal du Midi, qui a besoin, pour frapper l'imagination, de montrer un saint le ventre ouvert, les intestins répandus, travaillant lui-même à les enrouler autour d'un morceau de bois mobile. Voilà la représentation du martyre, que nos deux peintres domestiques n'auraient certainement pas imitée. *La Nativité* de l'église Saint-Étienne-du-Mont, *la Crèche* du musée du Louvre suffisent pour donner une idée de la manière dont les Le Nain comprenaient les sujets religieux. En feuilletant

tourné à la haute cheminée; l'autre se chauffe; un troisième en cuirasse boit; un autre enveloppé dans son manteau va sortir. Sur le devant de la scène deux enfants déguenillés jouent aux cartes, assis par terre, près d'un tonneau. Sur le tonneau sont des légumes; on remarque divers ustensiles de cuisine.

Le ton général du tableau est toujours de ce gris verdâtre un peu âpre qui distingue les œuvres de Le Nain. Les physionomies des personnages sont accentuées; l'homme qui dort sur une chaise est peut-être la meilleure figure peinte par les Le Nain. En face du spectateur se présente le soldat qui boit et qui *pose* un peu, défaut commun à tous les tableaux des Le Nain.

La composition est très heureuse; le peintre n'a pas procédé par groupes; ses personnages sont détachés les uns des autres et cependant ne s'éparpillent pas. Ce tableau est signé; on peut lire distinctement sur le ventre du tonneau : *Lenain fecit 1641*.

nombre de catalogues de 1735 à 1850, j'ai vu annoncés en vente publique divers tableaux religieux des Le Nain, mais rien ne prouve leur authenticité. Il faut s'en tenir jusqu'à présent aux deux toiles du Louvre et de Saint Etienne-du-Mont, et attendre du temps les *mystères* et les *martyres*, ainsi que les *batailles* dont parle dom Leleu.

5° *Maîtres peintres du roi.* Il en est de ce titre comme de celui de peintre de la ville de Paris dont on ne peut trouver aucune trace officielle. M. le comte Léon de Laborde, directeur des Archives impériales, toujours si empressé à faire profiter les chercheurs de ses propres découvertes, m'écrit qu'il a fait faire des recherches à ce sujet dans les archives, sans découvrir le registre qui contenait trace de cette nomination. J'avais espéré que cette réception officielle, du 22 août 1633, par le prévôt des marchands et les échevins de l'Hôtel-de-Ville, serait mentionnée sur quelque registre. Il n'en est pas question.

6° Mathieu Le Nain fut reçu lieutenant de la compagnie du sieur Dury, capitaine en la colonnelle du sieur de Sève, preuve qu'il vivait à Paris habituellement, ayant obtenu des concitoyens de son quartier un grade dans la garde bourgeoise en 1639.

7° *Comme en l'église de Saint-Remi-à-la-Place.* Détail purement local. Dom Grenier avait sans doute mal copié le manuscrit; il avait écrit, au lieu de Saint-Remi, *Sainte-Reine-à-la-Place.*

8° *Mathieu Claude Le Nain, prêtre licencié de Sorbonne, chanoine de Laon, et habile prédicateur, est leur petit-neveu.*

Entre la notice de dom Grenier et celle de dom Leleu, voilà toute la différence, une question de parenté. « Louis et Mathieu Le Nain, dit dom Grenier en commençant sa notice, étaient parents de Gilles Le Nain, prêtre-vicaire de la paroisse de Saint-Pierre-le-Viel, mort en 1678. » Dom Leleu, pour clore dignement sa biographie, donne aux Le Nain pour petit-neveu un prêtre licencié de Sorbonne, chanoine de Laon et habile prédicateur. Ces deux faits montrent quelle gloire tiraient les deux Bénédictins de la parenté des modestes peintres avec des dignitaires de l'Église.

IV.

ENTRÉE DES FRÈRES LE NAIN A L'ACADÉMIE.

On peut voir à l'école des Beaux-Arts une copie des cahiers manuscrits contenant les séances des délibérations de l'académie de peinture, lors de sa fondation.

La première séance seule donna les noms des trois Le Nain; un an après, le 6 novembre 1649, il est fait mention de Mathieu Le Nain comme présent. J'ai relaté en entier le pocès-verbal de la première séance curieuse pour l'histoire de l'art.

« 20 janvier 1648. Arrêt du conseil-d'État (sur une requête présentée au roi et à la reine régnante, en présence de Messeigneurs le duc d'Orléans, le prince de Condé et autres, par les plus célèbres artistes peintres et sculpteurs de l'époque), portant défense aux maîtres peintres et sculpteurs de porter aucun trouble et empêchement aux peintres et sculpteurs de l'académie, sous peine de 2,000 francs d'amende.

» La première assemblée de l'académie, lors de sa création,

s'est tenue dans la maison de MM. Beaubrun le 1er février 1648, rue des Deux-Écus.

» Cette assemblée se composait alors de :

 MM. Le Brun, peintre.
 Errard, P.
 Bourdon, P.
 De la Hyre, P.
 Sarrazin, sculpteur.
 Corneille, P.
 Perrier, P.
 Henri Beaubrun, P.
 Lesueur, P.
 D'Egmondt, P.
 Van Opstal, S.
 Guillain, S.

» Ils prirent ce titre : *Les douze anciens.*

ACADÉMICIENS EN MARS 1648.

 MM. Beaubrun.
 Louis Testelin.
 Henri Testelin.
 Boullongne.
 Hans.
 Duguernier l'aîné.
 Bernard.
 Ferdinand.
 Mauperché.

Gosuin.

Pinagier.

Gilbert Séve, l'ainé.

Louis Lenain.

Antoine Lenain.

Mathieu Lenain.

Van Mol.

» *Syndics ou Huissiers :* MM. Laurent Lévêque et Nicolas Bellot.

» M. de Charmoyes avait pris alors le titre de chef de l'académie.

» M. Gibert de Sève, l'ainé, et M. François Perrier furent reçus en cette séance et prêtèrent serment entre les mains de M. de Charmoys et de M. Le Brun, faisant les fonctions d'*anciens* en exercice.

» On choisit dans la première assemblée qui se tint le 7 mars à l'hôtel Clisson, rue des Deux-Boules, où l'académie avait loué à un M. Henriet un local pour ses séances, moyennant 200 livres par an, douze des plus habiles pour professer et qui prirent le titre d'*anciens*, qualité empruntée à la maîtrise.

» Les cochers de Beauvais qui stationnaient dans l'hôtel Clisson furent obligés d'en sortir. Jusqu'à cette époque du 7 mars, l'académie avait tenu séances soit chez M. de Charmoys, soit dans un local que ce dernier avait emprunté d'un de ses amis, rue Trainée, vis-à-vis le Cadran-Saint-Eustache où elle demeura du 2 février au 6 mars suivant. »

Le 6 novembre de l'année 1649, on retrouve pour la dernière fois le nom d'un des Le Nain présent à l'académie.

ACADÉMICIENS LE 6 NOVEMBRE 1649.

MM. Van Mol, peintre.
Guérin, sculpteur.
Du Guernier l'aîné, peintre.
Boullongne, peintre.
Ferdinand, peintre.
Mauperché, peintre.
Hans, peintre.
Testelin l'aîné, peintre.
Pinagier, peintre.
Bernard, peintre.
C. Beaubrun, peintre.
Sève l'aîné, peintre.
Montaigne le père, peintre.
Mathieu Le Nain, peintre.
Gosuin, peintre.
H. Testelin, peintre.
P. Champaigne l'oncle, peintre.
Le Bicheur, peintre.

Maintenant je vais laisser parler, dans son langage obscur, M. Hultz, l'un des premiers académiciens ordinaires, secrétaire de l'académie, dont toute la vie a été employée à écrire plutôt qu'à peindre, et qui a relevé, dans les registres conservés, tout ce qui intéressait chaque peintre, en en dressant un petit dossier.

Les Le Nain occupent l'article 30 et 31 des notes de M. Hultz :

« Art. 30. Louis Le Nain, reçu académicien en l'une des

premières assemblées de l'académie, et sûrement avant le 23 mai 1648, puisqu'il passe pour constant que ce fut le jour de son décès.

» Est assez ordinairement omis dans les listes des premiers académiciens, ainsi que son frère Antoine qui suit. La preuve cependant qu'il a été de l'académie est qu'elle a fait présent de son tableau de réception à M..., en conséquence d'une délibération du....... »

Singulière preuve ! Les preuves qui regardent Antoine Le Nain sont plus décisives *encore* et sont rapportées en l'article suivant :

» Meurt le 23 mai 1648.

» C'est dans Félibien qu'on voit qu'Antoine et Louis Le Nain étaient de l'académie dès le premier temps de son institution. Les registres n'en font pas la moindre mention, s'il est vrai surtout que tous deux sont morts au mois de mai 1648, car alors Le Nain qui se trouve compris dans l'état arrêté le 6 novembre 1649 du nom de ceux qui devaient contribuer pour l'entretien de l'école, serait un troisième. Ce troisième serait donc Mathieu Le Nain, dit le Chevalier Le Nain, mort le 20 août 1677. Mais pourquoi ce dernier n'aurait-il pas été employé dans les listes imprimées de l'académie, les trois premières que nous ayons (1675, 1676 et 1677) ayant été publiées de son vivant.

» Ce qui ne permet pas de douter qu'il y ait eu un Le Nain à l'académie, ce sont les deux études de contribution d'octobre et novembre 1649, et la mention d'un présent fait par l'académie du tableau de réception d'un d'eux.

» Lecomte ne parle que d'Antoine et de Louis, et dit qu'ils étaient de Laon, qu'ils faisaient des portraits, qu'ils faisaient aussi le paysage, mais que leur goût particulier était pour des sujets communs, comme des tabagies et qu'ils y réussissaient fort bien. »

Entre l'article 30 et 31 des manuscrits de M. Hultz, il a dû se passer un certain temps. Plus tard, sans doute, M. Hultz aura fait de nouvelles recherches et sera arrivé aux renseignements suivants :

» Art. 31. Antoine Le Nain, dit le chevalier Le Nain, reçu académicien en même temps que Louis, son frère aîné. Si l'on en croyait un état mortuaire conservé à l'académie d'un grand nombre des premiers académiciens, cet Antoine Le Nain n'aurait survécu à son frère que de deux jours, et serait décédé le 25 mai 1648.

» Ce qui démontre l'inexactitude de ce fait est un compte qui se trouve dans le premier registre de l'académie, où M. Le Nain est cité comme devant encore le.... octobre 1649 les deux pistoles de sa lettre et un restant de la pistole par an qu'il s'était engagé de contribuer pour les besoins communs, le 3 juillet précédent.

» De plus, il se trouve compris dans un état arrêté le 6 novembre 1649 de tous les membres du corps académique qui avaient pris ce même engagement. Depuis ce temps il n'est plus fait mention de lui dans les registres de l'académie, et ce qui est plus extraordinaire est que sa signature ne s'y voit nulle part. Cependant, il paraît par un autre état étant parmi les papiers de l'académie qu'il aurait vécu jusqu'au 20 avril 1677.

» D'autres mémoires disent que le chevalier Le Nain qui mourut le 20 avril 1677, âgé de 70 ans, se nommait Mathieu et était frère d'Antoine et de Louis, et comme eux natif de Laon, même comme eux membre de l'académie, et que le portrait du cardinal Mazarin qui est à l'académie est de lui. Mais il n'est fait mention d'eux dans les registres que ce qu'on en a vu dans cet article et au précédent. »

Dans un autre cahier manuscrit de l'école des Beaux-Arts, je vois : 1° « Le Nain, Louis, aîné, peintre de bambochades, dit le Romain, mort à l'âge de 55 ans, le 23 mars 1648. » 2° « Le Nain, Antoine, jeune, peintre de bambochades, mort à l'âge de 60 ans, le 25 mai 1658. » 3° « Le Nain, Mathieu, cadet, peintre de bambochades, mort le 20 août 1677. »

Malheureusement un précieux volume de l'école des Beaux-Arts a disparu sous la révolution, ainsi que la collection des tableaux de l'académie, musée curieux qui contenait chaque œuvre que tout académicien était obligé de peindre pour sa réception.

Il résulte donc de ces manuscrits que le nom des Le Nain n'apparaît que deux fois sur les registres de l'académie.

Ils ont envoyé deux études de contribution, suivant les statuts, en octobre et novembre 1649.

En 1649, un des Le Nain devait à l'académie deux pistoles, plus, un fragment de pistole pour sa contribution annuelle aux frais de la société.

Le Nain donna comme tableau de réception le portrait de Mazarin. Tout cela paraît bien établi.

Mais que deviennent les trois frères ? Ils entrent à l'académie un jour pour n'y plus reparaître. Il faut savoir que chaque absence non motivée était tarifée à 30 livres d'amende.

Les Le Nain ont manqué aux devoirs qu'imposait la charte des peintres parce qu'ils sont partis de Paris. L'académie ne s'est plus occupée d'eux et ne s'en est pas même souvenue.

Avec la copie des cahiers manuscrits contenant les séances des délibérations de l'académie de peinture et les notes de M. Hultz, il faut donner les renseignements tirés de la *liste de l'académie donnée par M. Regnès,* concierge de l'Académie en 1704.

« Le Nain (Le Chevalier Mathieu), né à Laon en 1607, mort à Paris en 1677, s'étoit consacré au genre du portrait et avoit été admis en cette qualité dans l'académie royale de peinture en 16... J'ignore ce qu'il étoit aux deux frères Le Nain. Il y a apparence, comme il étoit leur concitoyen, qu'il étoit de même famille. »

« Académiciens. — Louis et Antoine Le Nain frères, de Laon, peintres, morts en mesme mois et mesme année, Louis le 23 may 1648, âgé de 55 ans, et Antoine le 25, âgé de 60 ans. »

Mariette appelait Regnès : *l'exactitude même*; en effet, au bas de son affiche imprimée, le concierge Regnès avait ajouté cette note manuscrite qui montre son esprit positif :

« Présenté à messieurs de l'Académie par Regnès, leur concierge, qui en a fait la recherche et l'a mise en bon ordre. Il supplie la Compagnie de faire particulièrement attention sur les noms de baptesme, âges et pays, affin que, s'il y a quelque faute, il la corrige sur l'advis qui luy en sera donné, cette circonspection ne tendant qu'à rendre la liste plus parfaite et faire en sorte que tout responde à la fidélité des dattes du décéd qui sont de la dernière exactitude. On n'a pu avoir de nouvelles certaines du temps du décéd de M. de Charmoys, ny de M. Périer, quelque soin qu'on ayt apporté à le découvrir. »

Ainsi il ne faut croire que Regnès et ne pas ajouter grande foi à la liste de l'académie publiée par les *Archives de l'art français* et qui annonce la mort d'Antoine Le Nain au 20 avril 1667.

Je résume en quelques lignes ces différentes dates affichées qui ne concordent pas absolument :

D'après les registres de l'académie.

Académiciens en mars 1648 : Louis, Antoine et Mathieu Le Nain.

Académicien le 6 novembre 1649 : Mathieu Le Nain.

D'après les notes de M. Hultz, secrétaire de l'académie.

Louis Le Nain meurt le 23 mai 1648.

Mathieu Le Nain, dit le *Chevalier*, serait mort le 20 août 1677.

Un des Le Nain doit sa cotisation d'octobre 1649.

D'après les notes de Regnès, concierge de l'académie.

Louis mourait le 23 may, 1648, âgé de 55 ans.
Antoine — 25 — 60 ans.
Mathieu dit le Chevalier en 1677 70 ans.

Il y a du vrai dans quelques-unes de ces dates ; mais les notes de M. Hultz, celles de Regnès sont remplies de troubles, et on ne peut affirmer comme absolument positif que la présence à l'académie, d'après les registres, des trois frères en mars 1648 et de Mathieu le 6 novembre 1649.

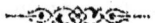

V.

DE QUELQUES TABLEAUX CARACTÉRISTIQUES.

La République ayant ordonné un nouveau classement des tableaux du Louvre, on retrouva en 1848 dans les greniers deux toiles de Le Nain représentant des scènes villageoises, désignées généralement dans les ventes et les cabinets d'amateurs : *Intérieur de ferme*. C'est d'abord un paysan qui se met à table avec sa petite fille et mange la soupe, tandis que la ménagère s'occupe des différents détails de cuisine. Dans le second tableau, un laboureur lève la pierre d'une auge, afin de faire boire ses brebis. Des enfants et des femmes animent la scène. Au premier plan une hotte renversée a laissé échapper des choux et des concombres.

Les deux tableaux sont peints avec dureté et ne cherchent guère la finesse du ton. Des *blancs* vifs et trop souvent répétés donnent à ces toiles un aspect *crayeux*. Le *Maréchal* est mieux peint que les *Intérieurs de ferme*. L'aspect général du tableau est dur et noir, plutôt même verdâtre-noir dans les ombres; mais cette âpreté, qui n'entraîne pas vers les tableaux de

Le Nain les amateurs du *joli*, est une des qualités du peintre Laonnois. Je ne trouve qu'un défaut dans cet intérieur de forge. Un maréchal met son fer au feu et n'attendra qu'une minute pour battre sur son enclume ; l'aîné tire le soufflet de la forge, pendant qu'un petit garçon regarde la scène avec insouciance, les mains derrière le dos. La femme du forgeron, grande paysanne habillée comme dans le nord de la France, est en face du spectateur, les mains l'une sur l'autre : le père est assis dans un coin, il tient une grosse bouteille d'une main, de l'autre un verre de vin.

Ces six personnages ont tous des figures intelligentes, surtout le forgeron ; mais ils regardent le public et ne se regardent pas entre eux. Il n'y a pas d'action. On ne voit pas le remue-ménage qu'entraîne une forge en activité, ce qui ferait croire que le *Maréchal au milieu de sa famille* n'est qu'un portrait, peut-être le portrait de Le Nain et de ses parents. Une preuve vient à l'appui : c'est la distinction des types, la mélancolie qu'on peut étudier sur les physionomies et suivre dans l'œuvre tout entière des Le Nain.

Le musée de Laon est un musée qui commence, et il faut applaudir au vote du conseil municipal qui n'a pas reculé devant l'acquisition d'un tableau de Le Nain. La commission du musée en a acheté deux autres sur les fonds de la souscription qu'elle a ouverte l'an dernier. Les musées de province ne peuvent être intéressants et curieux qu'en essayant de rassembler les œuvres des artistes du pays. Que m'importe un faux Rubens, un de ces Dominiquin médiocres qui emplissent les galeries des musées de province ? Je ne visite pas une galerie de province pour y retrouver, disséminées, affaiblies et fausses, des œuvres dont les grands types me sont accessibles chaque jour au Louvre, ou dans les splendides musées de l'Allemagne, de l'Italie et de l'Angleterre. J'y cherche des œuvres *inconnues*, des maîtres oubliés comme ceux dont M. de Chennevières a donné un historique curieux dans ses *Peintres provinciaux*. Ainsi que les bibliothèques des chefs-lieux devraient avant tout contenir ce qui importe à la localité, à son histoire, et les livres sortis des imprimeries du pays et les œuvres de ceux qui sont nés dans le département, de même les musées de province devront diriger leurs efforts dans le même sens.

Il n'y a que quatre toiles de Le Nain au Louvre : le musée de Laon devrait en posséder *dix* un jour.

Je ne m'inquiète guère de ce gros mot ambitieux qu'on appelle *la décentralisation* ; mais si l'histoire locale est étudiée aujourd'hui en province avec un grand zèle, la biographie des écrivains et des artistes du pays devra également trouver un jour de nombreux fidèles.

N'importe où ils ont étudié, malgré la vie qu'ils menèrent, il reste toujours chez les Le Nain un accent laonnois et picard qu'ils reçurent en naissant ; cet accent particulier ne se perdit pas, et il est curieux d'en suivre le développement dans le grand mouvement de l'art parisien.

Cet accent, c'est *la franchise*. Et je veux étudier cette franchise et ce naturel dans quelques tableaux qui m'ont frappé particulièrement.

Un repas de famille, tel pourrait être intitulé le tableau de Le Nain du musée de Laon qui représente une salle basse où sont rassemblés de pauvres gens entourés de leurs enfants.

Le repas est fini, la nappe est en désordre, le pain mangé plus qu'à moitié ; il reste encore quelques larmes de vin au fond du verre. A ce moment, la grand'mère, assise près de la table se repose, accomplissant tranquillement l'acte de la digestion ; le grand-père joue un air de musette pour égayer les enfants ; la mère, près du foyer, enveloppe dans une couverture de laine le nouveau-né qu'elle va coucher tout à l'heure ; une petite fille, debout près de la cheminée, contemple avec attention un gros pot près du brasier qui contient sans doute quelque boisson pour l'enfant ; dans le fond, une autre petite fille range divers objets dans une grande manne en osier ; un chat et un chien complètent cette scène tranquille.

Tel est ce tableau, peint avec une rare sobriété de tons, dans une nuance grise tirant un peu sur le verdâtre. La vieille grand'mère, la figure principale du tableau, est un chef-d'œuvre de simplicité et de vérité ; les têtes d'enfants sont charmantes. Le vieillard qui joue de la musette est plus authentique qu'une signature.

Un Intérieur de ferme (larg., 78 pouces et demi ; haut., 97 1/2), appartient à M. Edouard Fleury, rédacteur du *Journal de l'Aisne*, à Laon.

Un jeune paysan en veste rouge joue de la musette ; à sa gauche, une enfant de douze ans l'écoute et sourit ; une autre enfant à sa droite, de cinq ans, se tient droite, une main dans sa poche ; elle a aussi une robe rouge ; derrière ces enfants, la jeune et jolie fermière porte dans ses bras le nourrisson enveloppé dans des langes de laine. Un garçon de ferme, au fond, est accoudé contre une échelle. La scène se passe dans une grande salle voûtée; au mur est un ratelier; dans un coin un grand pot de cuivre et un poêlon.

Ce tableau est un de ceux qui résument le mieux la manière de Le Nain. Les figures des enfants sont pleines de santé; le bonheur habite cette ferme. Tous ces gens vivent simplement, se contentent de peu et se divertissent d'un air de musette après le repas.

Mais Le Nain y est avec tous ses défauts. Les personnages sont, comme toujours, groupés naïvement. A l'exception du joueur de musette assis, qui est tourné de trois quarts, les trois enfants et la fermière sont vus de face et regardent celui qui regarde le tableau. Les deux enfants sont un peu placés comme des chandeliers de chaque côté du musicien.

Un autre défaut considérable vient du valet de ferme, qui n'est pas à son plan. Tout à fait voisin de l'aînée des petites filles, il est beaucoup trop petit; on comprend bien que le peintre n'a pas voulu le placer plus loin, puisque la salle n'est pas grande; mais tel qu'il est, il paraît très-éloigné, et cependant matériellement il est au milieu du groupe.

Malgré ces fautes, ce tableau est une œuvre remarquable par la simplicité de sentiments, la façon de peindre sobre, un peu âpre dans le principe, et pleine de charme attachant.

Je cherche surtout à décrire quelques tableaux caractéristiques des Le Nain, qui, appartenant à des particuliers, ne sont pas accessibles à tous.

M. Isidore Soulié, directeur du musée de Versailles, a décrit avec amour le *Repas de famille* :

« Un tableau semblable au *Repas de famille* de la galerie du duc de Choiseul, se trouvait dans le cabinet de Poullain, receveur-général des domaines, et le catalogue rédigé par le célèbre appréciateur Le Brun, nous révèle une particularité curieuse, c'est que toutes les têtes étaient des portraits de la famille de Poullain. Cette composition peut, à notre avis, être comparée à ce que les grands maîtres flamands et hollandais ont produit de plus remarquable : elle réunit à la force et à la vérité d'un Ostade ou d'un Craeshecke, la grâce et la précision toute française de Callot et d'Abraham Bosse ; les deux bourgeois dont les traits et le costume font penser au grand Corneille ; le valet placé derrière eux, que ne désavouerait pas Pierre de Hooch ; la mère roide dans ses collerettes empesées, qui semble gourmander le petit garçon qui roule son chapeau dans ses doigts ; les deux autres enfants devant la table, la servante dont le type se retrouve dans tous les tableaux de Le Nain, tout, jusqu'au petit chien placé au pied de l'un des hommes, a un caractère de vérité qu'il est impossible de surpasser ; c'est la nature prise sur le fait. Qu'on ajoute à cela une lumière harmonieusement distribuée, une entente du clair-obscur poussée au plus haut degré, et on aura lieu de s'étonner que les œuvres de Le Nain soient presque introuvables en France. » (1)

La troisième exposition de l'Association des artistes à la salle Bonne-Nouvelle, en 1848, mit en lumière une toile singulière de Le Nain, de celles qui se restreignent dans deux ou trois tons et qui paraissent monochromiques au premier

---

(1) « Chez M. E. Prarond, à Abbeville, se conserve une copie ancienne, excellente (certaines mollesses de dessin ne me permettent pas de croire que ce soit une troisième répétition) du *Repas de Famille* de Le Nain ; la servante qui apporte le gigot est pour la facture un vrai Chardin ; le tableau a 2 pieds 3 pouces de haut, sur 2 pieds 9 pouces de large. » a écrit M. de Chennevières « inspecteur des musées de Picardie. »

coup d'œil. J'ai encore dans le cerveau une image exacte de cette œuvre, provenant de la galerie de M. de Saint-Albin, et qui appartient actuellement à M. Philippe de Saint-Albin, son fils, qui a permis d'en prendre un croquis; comme je n'ai pas pris de notes alors, M. Clément de Ris me fournira une appréciation publiée dans le numéro de l'*Artiste* du 30 novembre 1848 :

LES LE NAIN.

» Ce sont de ces peintres français qui, à une époque où la centralisation moderne était encore dans l'enfance, eurent une grande célébrité dans le cercle d'action de leur ville natale, mais que la postérité a négligé d'étudier, sans songer à l'influence que ces divers groupes d'artistes eurent sur leurs descendants plus heureux ou mieux organisés.

» *Les Moissonneurs* nous paraissent se rapprocher comme manière de *l'Adoration*. La touche est franche et posée hardiment; mais la couleur générale est d'un blanc triste qui donne à ce tableau un aspect de grisaille peu récréatif. Malgré ce défaut, il a de l'intérêt comme rareté, et du mérite comme valeur d'art. En effet, cette étude naïve et sans prétention de la nature, que des paysagistes contemporains ont retrouvée, est très-curieuse à examiner et bien certainement la seule à cette époque. Lorsque régnaient dans l'art Simon Vouet, Poussin, Lesueur, Lahyre, Corneille, et par eux la grande école du style, il fallait avoir une certaine dose de caractère pour aller se placer dans le premier village venu, sous l'auvent d'une forge ou l'embrasure d'une porte charretière, et copier là ce que l'on avait sous les yeux, s'en rapportant à la nature du soin d'arranger la composition pour le mieux. Les deux frères ont-il travaillé simultanément aux *Moissonneurs*? Nous le croyons. Il suffit de regarder avec un peu d'attention pour s'apercevoir

que la touche du terrain, des maisons, de la charrette, n'a pas la
minceur et la sécheresse de celle des personnages. Quelle est leur part
respective ? Ici nous nous arrêtons faute de renseignements, et nous
laissons cette question à décider à de plus savants que nous. »

Je viens de revoir ce tableau des *Moissonneurs* (1) lon-
guement et de près, et je peux affirmer qu'*un* peintre seul l'a
conçu, esquissé et peint. Je suis fâché d'être en opposition
directe avec M. Clément de Ris; je n'ai pas de preuve à
fournir. En art il n'y a pas de preuve; le croquis d'après *les
Moissonneurs* ne donnera même qu'une idée d'ensemble de
cette peinture, fine et pleine de délicatesse.

M. Paul de Saint-Victor, chargé de la rédaction du catalogue
de la galerie George, provenant en partie du fonds du cardinal
Fesch, a décrit en style peut-être un peu éclatant le *Corps de
garde*, de Le Nain :

« *Le Corps de garde* appartient à Louis Le Nain, et c'est à coup sûr
le chef-d'œuvre de la famille. N'y cherchez pas l'entrain brutal du corps
de garde hollandais, ni les dés crasseux qui bondissent sur le tambour.

---

(1) A droite une vieille femme assise (type de celle du forgeron) tient une
petite fille endormie sur ses genoux; elle est assise sur un escabeau.
Derrière elle est un chien et devant des poules-dindes. Derrière elle plus loin,
sur une charrette où se trouvent des gerbes de blé, un jeune garçon de
profil (semblable à celui gravé par Bannerman) joue de la musette; trois
petites filles se détachant sur des gerbes entassées l'écoutent. A gauche un
petit porcher assis sur une pierre tient une branche de coudrier. Près de lui
sont deux jeunes filles en petit bonnet rond. L'une d'elles porte sur son épaule
un seau à lait en cuivre. A côté, deux petites charrettes, trois cochons.
Masure dans un fond de paysage crayeux. Sur le devant à gauche, un arbre
mort posé sur une pierre sur lequel on lit la signature :
LE NAIN. FECIT. 1641 ou 1644.
Aspect général gris, triste et plâtreux. Toutes les figures posent : Haut.
56 cent. 20 pouces 6 lignes, larg. 72 26 pouces.

ni les pots de bière engloutis sous les moustaches dépenaillées, ni les baisers bouffis appliqués sur les bajoues rougeaudes des maritornes. Nous sommes chez des gentilshommes et non chez des soudards, et la scène a la noble et sérieuse prestance d'une veillée militaire. Six cavaliers sont groupés autour d'une table où pose une chandelle rayonnante. Têtes fières aux feutres empanachés, tournures martiales, attitude de cape et d'épée. L'un d'eux, mousquetaire de vingt ans, est assis sur un escabeau. Il relève d'une main campée sur sa hanche son manteau rouge qu'allume un large reflet, et dépose de l'autre sa pipe éteinte sur la table. Vis-à-vis de lui un beau jeune homme, appuyé sur la table, dort, au clair du flambeau, comme au feu d'un bivac, du sommeil accoudé du soldat. Leurs compagnons, debout derrière, saisis en relief par la lumière, fument gravement et regardent en face le spectateur avec une fixité pensive. Derrière le cavalier au manteau rouge, un grand nègre en livrée allonge son masque noir aux yeux de perles, comme l'ombre portée de la tête lumineuse de son maître. (Le Nain ne trouverait-il pas cette description un peu trop brillante?) Au fond du corps de garde, un septième cavalier se chauffe aux flammes de l'âtre qui rougeoie vaguement dans les pénombres intérieures.

» Cette toile merveilleuse est peut-être le chef-d'œuvre de la peinture nocturne. Les maîtres qui ont manié les effets de flambeaux et de lampes s'en sont toujours servis en poëtes plutôt qu'en peintres. Rembrandt les secoue dans la nuit de ses cryptes et de ses synagogues comme les torches fantastiques du sabbat; Schalken allume ses chandelles aux flammes de Bengale de la féerie; Gérard Honthorst tire de ses flambeaux les prestiges grossiers d'une lanterne sourde.

» Ici, au contraire, l'effet est juste, calme, harmonieux, surpris dans une nuance exquise de magie et de vérité. La lumière circule autour du groupe avec la chaleur ambiante d'un rayon ; elle frappe les figures, frise les panaches, miroite en glacis d'or sur les costumes, veloute la nappe d'ombre qui baigne le dessous de la table, et va rejoindre par d'étincelants réveillons le feu de la cheminée qui répond de loin par un vague écho de reflets au pétillement splendide du foyer central. C'est la justesse la plus précise dans la plus surprenante des illusions, illusion dont le regard seul peut apprécier l'enchantement, car le tableau ne brille pas, il luit, et garde en plein soleil une vague phosphorescence de lampe nocturne.

« Aujourd'hui que les Le Nain ont repris rang parmi les gloires les plus originales et les plus pures de l'école française, ce tableau manque au Louvre, comme une page à un livre, comme un nœ à une généalogie. Le Musée ne possède qu'une peinture des Le Nain, *la Forge*, car il suffit d'un coup d'œil de critique et d'analyse pour restituer à l'école flamande *la Procession* qui porte leur nom. Espérons que tôt ou tard il viendra prendre, entre *la Halte de Bohémiens*, de Sébastien Bourdon, et *le Concert*, de Valentin, la place historique qui lui appartient et que lui seul pourra remplir. »

A propos du même *Corps de garde*, M. Charles Blanc disait plus simplement dans sa notice :

« La manière qui, sauf quelques nuances, est commune aux Le Nain, est une manière large et sobre. Leur pinceau, manié sans fougue, mais librement, caractérise chaque objet ou accentue les figures en les rehaussant par des touches nettes, mâles et décidées. Leurs tons ne sont ni recherchés, ni fins, ni habilement rompus comme ceux des coloristes par excellence ; sur une teinte généralement grise, quelquefois réchauffée par des draperies d'un rouge commun, se détachent les chairs toujours vivantes et bien éclairées. Beaucoup de leurs toiles peintes d'un seul ton, sur cette base neutre, ont aussi la force et l'unité d'une puissante gravure ; c'est en effet du clair-obscur qu'elles tirent le plus souvent leur valeur. La lumière des Le Nain est vive ; elle jette sur les figures des jours frisés, des rayons obliques, et, y produisant des ombres tranchées, elle les fait sortir de leur fond avec beaucoup de force. Sous ce rapport, ils rappellent quelquefois le Valentin. L'admirable *Corps de garde* que possède M. George et qui provient de la galerie du cardinal Fesch, en est un exemple des plus heureux. Le relief des figures est extraordinaire, sans être acheté cependant par les duretés des ombres. Cette fois, ce sont des cavaliers élégants, vêtus du costume Louis XIII et portant la moustache retroussée sous de larges feutres à plumes rouges et bleues. Un des routaires est endormi, mais dignement et non pas à la façon d'un homme ivre. Les autres posent comme pour leur portrait, ainsi qu'il en est de tous les personnages de Le Nain. Pour ajouter au piquant effet de la scène, le peintre laisse voir en un coin du tableau le feu de la cheminée, qui forme un écho affaibli de la lumière principale, et sert à en redoubler encore l'intensité. Ce tableau, qui manque à notre musée français, est présumé de Louis Le Nain, mais signé Le Nain tout court. »

Il n'y a eu qu'une voix sur ce chef-d'œuvre ; tout le monde a été d'accord pour l'appeler au Louvre. C'est ainsi que M. de Pastoret l'a acheté quelques mille francs. *Le Corps de garde* de Le Nain eût étonné peut-être plus d'un homme intelligent qui passe devant le Murillo de 600,000 francs sans le regarder ; mais il est rare que les artistes et les gouvernants s'entendent.

Un des tableaux les plus singuliers de Le Nain fut exposé en 1860, au boulevard des Italiens, au milieu des maîtres galants du XVIIIe siècle, Watteau, Pater, Lancret, Boucher, Gillot, Lemoine, etc. Cette peinture faisait une triste figure, je l'avoue, au milieu de toutes ces sensualités élégantes. Qu'on s'imagine, au milieu de courtisans habillés de soie, une bande de charbonniers qui sont tombés dans la farine, et on aura à peine l'idée du Le Nain sobre et sévère dont je laisse la description à M. W. Burger :

« *Les Buveurs* de Le Nain sont très remarqués. Cette peinture large et naïve est signée et datée, sur le rebord d'une table : LE NAIN. FECIT. AN. 1642.

» Le tableau de M. Lacaze devrait être intitulé *l'Hospitalité*, car il se passe dans cet intérieur rustique je ne sais quelle scène d'aumône fraternelle et religieuse : on dirait que ces Le Nain ont interprété à leur façon l'épisode biblique où le Christ distribue le pain et le vin, et par là ils font encore penser à Rembrandt, qui traduisait la Bible sous les apparences de pauvres Hollandais.

» Sept figures sont groupées autour d'une table, près d'une cheminée. Pour fond, un lambris nu, et à droite un lit avec colonnes et baldaquin. Le maître du logis, assis de l'autre côté de la table, au milieu, de face, vient de couper le pain ; il exhausse son verre rempli de vin, en regardant un vieillard timidement assis à droite, les mains croisées, les pieds nus. Derrière le vieillard se tient un petit garçon, également pieds nus et tête nue, et qui n'ose trop approcher de la table hospitalière. A gauche, du côté de la cheminée, est assis un autre homme, qui ne s'est pas fait prier et qui vide son verre. Derrière lui, la maîtresse, en corsage rouge, debout, semble présider à cette communion charitable. Près d'elle, un *boy* à calotte rouge regarde. Un autre, enfant de la maison sans doute, un gentil garçon, coiffé d'une toque et debout en arrière du père, accorde son violon pour égayer ses hôtes de hasard.

» La gravité et la simplicité des attitudes, la sobriété des gestes, une certaine mélancolie dans les têtes, la franchise de l'exécution par larges plans, avec une gamme de couleur très restreinte, courant du gris au brun, sauf quelques rehauts de rouge, tout dans cette peinture, de même que dans les autres œuvres de Le Nain, constitue une singulière anomalie au milieu de l'art pompeux et théâtral du xviie siècle. »

Et M. W. Burger ajoutait avec raison que, « parmi les peintres parisiens », Le Nain et Philippe de Champaigne, par leurs convictions, semblaient deux « excentriques. » Le mot est juste. Dans une galerie de peintures du xviiie siècle, Le Nain est un *excentrique*. Il est calme et tranquille d'habitude, il paraît sévère en telle compagnie. Placez un portrait d'Holbein à côté d'une tête de femme de Fragonard, et rendez-vous compte de l'abîme qui sépare ces deux façons d'envisager la nature, qui font penser à une lecture d'un roman de Crébillon fils après avoir médité une pensée de Pascal. L'art est régi par des courants mystérieux qui conduisent le pinceau d'un Watteau et d'un Boucher; mais qu'on fasse actuellement une religion de ces maîtres agréables; qu'on en arrive à admirer leurs imitateurs, leurs copistes et tous leurs contemporains, voilà une mode et une adoration contre lesquelles on ne saurait trop protester. Ces époques de dissolution ont abouti à la Révolution, et en présence de ce *joli* dans l'art, on est arrivé à regretter que la révolution imprimée par David n'ait pas été plus nette et plus absolue, puisqu'un siècle après nous revenons à cet art de troisième ordre qui avait sa raison historique et sociale, mais qu'il ne faut regarder que comme une amusette.

Ne serait-il pas bon aujourd'hui de laisser de côté Watteau, Boucher, Fragonard, pour nous préoccuper d'une école française plus glorieuse : Les Clouet, les Poussin, les Champaigne, les Le Nain ?

VI.

PORTRAITS.

Jusqu'à présent les portraits peints par Le Nain se sont montrés si rares que je n'en ai vu qu'un, le *Cinq-Mars*, de la galerie du Palais-Royal, vendu aux enchères après la révolution de 1848. Et cependant que de portraits célèbres n'ont pas peint les Le Nain? La reine Anne d'Autriche, dont parle dom Leleu, le cardinal Mazarin, sont d'une authenticité incontestable. Je citerai tout à l'heure d'autres portraits; mais par ces trois noms: *Anne d'Autriche*, *Cinq-Mars*, *Mazarin*, on voit quel rang occupait à la cour le Le Nain portraitiste, et on peut affirmer qu'il ne peignit pas seulement ces trois illustres personnages.

Je m'occuperai d'abord du seul portrait que j'aie vu. Cinq-Mars est en grand habit de cour, dans son cabinet, frisé et parfumé, la figure insignifiante, ronde, jeune, sans caractère. Ce n'est pas le *Cinq-Mars* du roman, c'est un mignon peu propre à porter la rude cuirasse et le riche casque doré, placés par le peintre dans un coin du tableau. La main gauche appuyée sur la hanche, Cinq-Mars tient de la droite une longue canne. Cette main est dégantée pour montrer toute sa finesse efféminée ; mais dans la lithographie de Grévedon que j'ai sous les yeux, l'œil est attiré par l'énorme quantité de rubans, de broderies qui, partant du cou du portrait, courent le long du baudrier, dégagent la main par une manchette élégante, moins élégante encore que la broderie du col, et s'enroulent autour du haut-de-chausses pour se terminer en flots de dentelles au-dessus des longues bottes molles en cuir souple. En regardant cette estampe, on ne peut s'empêcher de penser aux mignons de Henri III; mais l'aspect de la peinture était tout autre, presque sévère par le ton verdâtre général. Sur une tenture en forme de rideau de théâtre, qui fuit vers le coin gauche du tableau et se drape du côté opposé, se détachait la tête du favori de Louis XIII, un peu *engoncé* dans ses ajustements et tout à fait contraire à l'allure provoquante et dégagée des mousquetaires d'opéra-comique. Faut-il s'en prendre à l'accent un peu pesant du peintre, ou à l'amoncellement des broderies du grand col dans lequel la tête ne pouvait se mouvoir en toute liberté?

Je crois ce portrait d'une absolue réalité, tout en faisant la part de ce que le peintre a pu y apporter d'immobilité et le personnage qui pose de fatigue. Les Le Nain ne sont pas connus par des personnages fort mouvementés; mais je ne suis pas de ces regretteurs du passé qui, l'imagination pourrie de romans et de coulisses, voient les époques anciennes à travers le prisme de l'idéal. Nos costumes modernes valent nos costumes anciens; ils sont plus commodes, et je ne gémis pas en parlant de la perruque disparue de Louis XIV. Les portraits théâtrals de Largillière et de Rigaud ne me trompent pas avec leurs manteaux de convention, et ce n'est pas chez eux que je vais voir comment on s'habillait. *Holbein* seul me montre comment étaient gênées dans leurs collets empesés les femmes de son époque, et c'est à Le Nain, et non pas aux acteurs de l'Ambigu et aux imaginations de M. Dumas père que je demande combien était embarrassé dans ses dentelles un favori de Louis XIII.

Les seuls meurtres de la révolution de 1848 consistèrent dans l'éventrement à coups de baïonnette de la galerie du Palais-Royal, une assez médiocre collection. *Cinq-Mars* ne fut pas plus épargné que les autres tableaux ; il reçut des coups de baïonnette dans ses riches habits ; mais une réparation intelligente lui permit de reparaître, couvert de cicatrices, à l'hôtel de la rue des Jeûneurs, où il fut vendu, si je ne me trompe, au banquier Sellière qui doit le posséder encore.

Je trouve dans mes notes, à propos de cette vente, une citation dont j'ai oublié d'indiquer la provenance et la signature, et que je rapporterai quoiqu'elle me semble singulière :

« Le *Cinq-Mars* des frères Le Nain a été payé 960 francs. Le Louvre, qui ne possède qu'un ouvrage authentique de ces deux peintres, collaborateurs assidus, eût dû acquérir ce *Cinq-Mars*, auquel s'attache une particularité peu connue : c'est que ce portrait fut copié sur un pastel du roi Louis XIII, qui avait reproduit les traits de son favori sous la direction de Vouet, son maître de dessin. »

Ce qui me met en garde contre l'auteur de cette note, c'est son affirmation que le Louvre ne possède qu'*un* tableau authentique des Le Nain, quand il y a dans les galeries françaises trois tableaux de scènes domestiques et un tableau religieux. Après avoir examiné attentivement l'important portrait de Cinq-Mars, de grandeur naturelle, il me semble difficile qu'il ait été peint d'après un pastel, quoiqu'il soit vrai que Louis XIII ait crayonné.

Un autre portrait incontestable de Le Nain est celui du cardinal Mazarin dont parle Scudéry, qui, à l'imitation du cavalier Marini, s'était monté une galerie fictive de tableaux qui servaient de prétexte à des louanges. Dans le « *Cabinet de M. de Scudéry, gouverneur de Notre-Dame de la Garde* (Ire partie. Paris, Augustin Courbé, 1646, in-4°), au-dessous du « portrait de monseigneur le cardinal de Mazarin, fait par Le Nain, » Scudéry a inscrit ces vers courtisanesques :

« Rome, si les héros que tu mis dans les cieux
Au nombre de tes dieux,
Avoient les qualitez de cet excellent Homme,
Je te pardonne, Rome :
Car nul si bien que luy d'entre tous les mortels,
N'est digne des autels. »

En 1646, Scudéry n'eût pas attribué à Le Nain le portrait d'un autre peintre. Aussi la note suivante, tirée de la *Description de l'Académie royale des arts de peinture et de sculpture, par feu M. Guérin, secrétaire perpétuel de ladite Académie* (Paris, 1715), est-elle intéressante en ce qu'elle ajoute quelques détails sur le portrait disparu :

« *Tableau de 2 pieds 1/2 de haut sur 2 pieds*. Portrait de M. le cardinal Mazarin, premier protecteur de l'Académie. On a déjà dit que ce fut M. le chancelier Séguier qui conseilla à l'Académie de déférer cette qualité à Son Éminence, qui l'agréa, comme il paroit, par des lettres patentes du mois de janvier 1655, et que cette démarche concilia à la Compagnie toute la faveur et les bonnes grâces du premier ministre.

« Ce tableau est de la main d'un des Messieurs Le Nain frères, qui se proposoient d'être du nombre de ceux qui devoient commencer l'établissement de l'Académie, s'ils n'avoient été surpris par la mort au commencement de l'année 1648. »

Guérin avait vu le portrait en 1715, puisqu'il donnait la mesure de la toile; mais il ne paraît pas avoir connu les registres de l'Académie dont il était le secrétaire. Autrement il n'eût pas écrit que les Le Nain se *proposoient* d'entrer à l'Académie, puisqu'il est prouvé qu'ils en faisaient partie.

Tels sont les deux portraits absolument authentiques de Le Nain. Dom Leleu, qui parle de celui de la reine Anne d'Autriche, n'a écrit ses Mémoires sur Laon qu'au XVIIIe siècle, à une époque où la tradition était déjà venue s'emparer de la mémoire des peintres laonnois et où ce qui touche à leurs œuvres semblait aussi difficile à préciser que leur vie elle-même.

Le catalogue du Musée d'Avignon porte :

LE NAIN (les frères).

« No 157. Portrait de la marquise de Forbin, abbesse d'un couvent de religieuses en Provence, à l'âge de 84 ans.

» On lit dans un coin du tableau : ÆT. SVÆ. 84 A° 1644.

» *Le Nain f*it.

» Haut., 0,74 ; larg., 0,57.

» Donné par M. Peyre, d'Avignon, en 1838 »

N'ayant pas vu ce portrait, je me suis adressé à M. Clément de Ris, qui a bien voulu détacher cet extrait du second volume de ses *Musées de province*, sous presse :

« Voici une véritable œuvre d'art, un tableau que le Louvre serait jaloux de posséder et qui réunit l'intérêt historique à l'intérêt artistique. C'est un portrait grand comme nature et vu à mi corps d'une vieille, la *Marquise de Forbin* prétend le livret. Elle se présente de face, les mains croisées sur la poitrine, la tête couverte d'une capeline noire pareille à la robe sur laquelle retombe un grand col à deux pointes, blanc ainsi que les manches de sa robe. Ce n'est pas l'attrait qui distingue cette figure, mais la façon franche, austère et un peu brutale dont elle est rendue. L'artiste n'a pas tenté d'esquiver les difficultés : il s'est mis en présence de son modèle, et l'a peint tel qu'il était, dans sa sévère vérité, sans subterfuge et sans idéal. La couleur n'a ni éclat ni rayonnement ; elle est terne et dure, mais solide et nullement desharmonieuse. Je la comparerais à celle de Philippe de Champaigne dans ses portraits jansénistes, avec la vigueur de touche en plus. C'est donc un portrait fort remarquable et qui reste gravé dans la mémoire.

» Voilà pour l'intérêt artistique. Voici où l'intérêt historique commence. Le tableau porte en haut, à droite, la signature suivante :

ÆT. SVŒ. 84 A° 1644
Le Nain f^{it}.

» C'est donc une œuvre de plus à ajouter à celles existant déjà des trois frères Le Nain : Louis, Anthoine et Mathieu. Mais auquel des trois faut-il en faire honneur ? La question est insoluble ; et cette signature d'un Le Nain, la seconde connue (1), au lieu d'éclaircir la question, ne fait, par l'absence d'une initiale indiquant le prénom, que

(1) On connaît trois signatures. M. Ch. Blanc a donné une signature fac-similé de Le Nain, d'après le *Corps de garde*, dans son *Histoire des peintres*.

l'embrouiller encore. L'on sait par dom Grenier, dans son *Histoire de Picardie*, que Louis, qui paraît avoir été l'aîné, faisait des portraits en buste.

» Le tableau d'Avignon est-il de lui? Toute la question est là, et l'on comprend que si elle parvient jamais à s'élucider, les attributions si confuses des Le Nain s'éclairciront singulièrement. Ce qui jusqu'à présent est acquis, c'est que *la Marquise de Forbin* est un fort beau portrait et l'œuvre capitale du Musée. »

M. Paul Mantz, qui a vu également ce portrait, m'écrit de son côté avec encore plus d'autorité :

« Vous pouvez hardiment signaler le portrait de cette vieille religieuse comme une des meilleures peintures de Le Nain. C'est une œuvre grave, austère, un peu triste. Les chairs sont blanches, les vêtements noirs, et Le Nain a tiré tout le parti possible de ce contraste. Peinture très-ferme d'ailleurs, très-soignée, très-préoccupée du caractère individuel du modèle. Au milieu de cette face pâle, les yeux ont beaucoup de vie et d'accent. Et puis ce portrait est admirablement simple; pas de composition, pas de système, pas de manière. Le Nain croyait, comme vous, que la vérité est une poésie. »

Je n'ai pas besoin d'insister sur la valeur de ces attestations; les noms des deux écrivains, leur vie consacrée à la recherche de documents positifs, l'analogie de leur sentiment, qu'il est curieux de mettre en regard, montrent combien, après les recherches actuelles, la peinture en France sera un jour facile à étudier.

Dans les nombreux catalogues que j'ai dépouillés, je ne retrouve guère que des têtes d'études : *Jeune Hollandais*, *Tête de Femme*, *Portrait d'un jeune Garçon*, qui peuvent être de Le Nain, les experts Lebrun et Paillet étant de ceux qui ont le mieux connu le maître. En 1806, Lebrun mettait en vente le *Portrait d'un Cardinal*; mais à cette époque les études historiques étaient assez avancées pour qu'un expert tel que Lebrun ne se fût pas trompé si ce portrait avait eu quelque ressemblance avec le Mazarin.

Par la vente importante de M. Craufurd, je retrouve la provenance du *Cinq-Mars* de la galerie du duc d'Orléans.

Que sont donc devenus les portraits d'Antoine Coiffier d'Effiat, père de Cinq-Mars, et le portrait du marquis de Puysieulx, secrétaire d'État sous Louis XIII, qui accompagnaient le Cinq-Mars à la même vente? Par l'authenticité de l'un on peut juger de l'authenticité des autres. Les Anglais sont plus difficiles que nous en collections historiques. Mettre en vente publique deux portraits faussement attribués à un maître, en regard d'un très-authentique, me paraît difficile, surtout quand on a affaire à un peintre aussi accentué que Le Nain. Des deux personnages, l'un est le proche parent de Cinq-Mars; Le Nain a peint le fils; il semble tout naturel qu'il ait peint le père.

A côté des portraits de la reine Anne d'Autriche, du cardinal Mazarin, de Cinq-Mars, de la marquise de Forbin, on peut presque ranger ceux du maréchal Coiffier d'Effiat et du marquis de Puysieulx, en en regrettant la disparition.

Quant au portrait de Dufresny, faisant partie de la collection du duc de Sutherland, jamais Le Nain n'a pu peindre cet auteur dramatique, à moins qu'il n'ait été chargé par ses parents de le peindre en nourrice. Dufresny est né à Paris en 1618, date à peu près certaine de la mort des deux frères Le Nain.

Deux ans de recherches, deux ou trois mille catalogues fouillés n'ont pas amené d'autres résultats sérieux que la confirmation du portrait de Cinq-Mars et celui de la marquise de Forbin, les seuls portraits de Le Nain qu'on connaisse ; mais il est démontré qu'il peignait des personnes considérables de la cour et de la noblesse.

Il existe au musée du Puy un portrait de Le Nain « peint par lui-même », dit le catalogue. C'est un homme de trente ans, dont l'extérieur doux et simple prévient tout d'abord. Le teint est peu coloré. Les yeux sont noirs et chercheurs ; la bouche est remarquablement pure et remplie de douce finesse. De grands cheveux bruns tombent en boucles sur les épaules ; une partie vient s'abattre sur la collerette. Ils ont la beauté de n'être pas ratissés par un peigne méticuleux. Aussi de quelques endroits de cette forte chevelure sortent quelques mèches rebelles qui chassent au loin toute idée de perruque. Au contraire de ces riches dentelles dont se servait la cour de Louis XIII, la collerette ou plutôt le col est large, empesé et raide comme un collet de ministre protestant, orné seulement de deux petits glands de coton qui tombent sur le pourpoint gris, d'une étoffe unie et sans aucunes broderies.

En regardant ce portrait, une pensée vint troubler ma joie. Qui a informé sur son authenticité le rédacteur du catalogue ? Puisqu'il n'existe pas de portrait connu de Le Nain, qui m'en garantira l'origine ? Le Nain ne se serait-il pas retiré dans les montagnes du Velay, et son portrait aurait-il passé dans une famille qui en a conservé la tradition ? Cette dernière supposition n'est pas improbable, car je retrouve dans presque tous les tableaux de Le Nain les airs de tête, le costume et l'attitude tranquille des gens de l'Auvergne et du Velay.

Il n'y a rien de plus menteur qu'un catalogue et je ne me fie guère à eux, d'autant plus que, dans le même musée, je trouvai deux tableaux de Le Nain d'une fausseté insigne.

Mais quant au portrait, la façon de peindre est bien d'un Le Nain, sobre, modeste, un peu grise comme dans quelques-uns des tableaux des peintres laonnois. Ce portrait ne dérange rien aux études de Lavater. « Chaque dessinateur ou chaque peintre, dit-il, se reproduit plus ou moins dans ses ouvrages; on y mêle quelque chose de son extérieur et de son esprit. . . . .

» Il est étonnant jusqu'à quel point le personnel des artistes reparaît dans leur style et dans leur coloris. . . . .

» Une comparaison réfléchie de plusieurs yeux et de plusieurs mains dessinés par un même maître, pourra souvent faire juger de la couleur des yeux de l'artiste et de la forme de ses mains. »

Si on me montrait un portrait de Le Nain avec une grosse mine rouge et pleine de santé, je le nierais, y eût-il certaines preuves à l'appui. L'homme qui a peint le Forgeron, les Paysans, les Intérieurs de ferme, n'était pas jovial, n'était pas gras, n'était pas riche. Il avait la nature de ses personnages, plutôt pensif que parleur, plutôt réfléchi qu'agissant.

Qu'est-ce que la peinture ? L'âme du peintre avec la couleur par-dessus.

Une œuvre d'art est une confession.

Un tableau parle et dit les vices, les vertus, les manies, les habitudes de celui qui l'a peint.

Et quelques-uns sont les prêtres qui écoutent ces singulières confidences.

C'est en vertu de cette connaissance morale que j'affirme la réalité du portrait de Le Nain du musée du Puy; il ne contrarie en rien les scènes d'intérieur, les scènes villageoises du peintre laonnois. Il les affirme et il est affirmé par elles.

Maintenant je passe aux preuves physiques, qui seules ne pourraient mener qu'à des *présumés*.

Le portrait fut acheté en 1822 par M. le vicomte de Becdelièvre, peintre amateur, à une fameuse vente faite à Paris par l'expert du Louvre nommé Henry et un marchand de tableaux, Lebrun, le mari de Mme Vigée-Lebrun. Ces renseignements, je les tiens de l'acheteur lui-même, M. de Becdelièvre. D'après la version des marchands, ce portrait venait d'une galerie particulière d'Angers, pillée à la révolution en 1793. Henry et Lebrun comprirent le portrait de Le Nain dans un envoi considérable fait à l'empereur de Russie qui les avait chargés d'une commande de six cent mille francs de tableaux; mais les marchands ayant outrepassé de beaucoup ce chiffre, la Russie renvoya un grand nombre de toiles. Parmi ces toiles se trouvait le portrait de Le Nain; et c'est à la vente de cet excédant que fut acheté pour le musée du Puy le portrait du peintre laonnois.

Le médaillon de Le Nain est le seul qui soit vide dans l'*Histoire des peintres de toutes les écoles* de M. Ch. Blanc qui n'a pas cru devoir donner le portrait du musée du Puy. Le *Magasin pittoresque* a cru comme moi à son authenticité, et en a donné une gravure, mais qui ne rend pas le charme de la peinture (1).

(1) M. Ed. Fleury en a fait une copie au crayon qui en donne une excellente idée et devrait être gravée.

VII.

TABLEAUX D'ÉGLISE.

Les tableaux d'église de Le Nain sont aussi rares que ses portraits. On ne connaît à Paris que deux toiles religieuses. La première est *la Crèche*, du musée du Louvre ; la seconde, *la Nativité de la Vierge*, de Saint-Étienne-du-Mont.

J'ai cité le passage de Sauval relatif à la voûte de *la Chapelle de la Vierge*, peinte par les Le Nain à l'abbaye Saint-Germain-des Prés, où l'un d'eux, reçu maître peintre, avait sans doute ainsi acquitté son droit de maîtrise par le don de cette peinture.

D'après les deux tableaux d'église de Le Nain qu'on voit à Paris, on peut préjuger que ces toiles décoratives étaient d'une certaine dimension. *La Crèche* du Louvre a 2^m 86 de hauteur sur 1^m 30 de largeur ; *la Nativité* de Saint-Étienne-du-Mont est de la même taille. La première impression qu'on reçoit en regardant *la Crèche* de la Galerie française (n° 374 du catal.) est celle que produit une peinture un peu dure d'abord, dont les gris alternent avec les tons verdâtres. Deux figures sont vulgaires : la Vierge (dont la figure me semble restaurée, quoique je n'ose l'affirmer, le tableau étant placé très-haut) ; une autre figure d'homme à manteau jaune est également sans accent ; mais il faut citer sainte Élisabeth agenouillée devant l'enfant Jésus, saint Joseph appuyé sur un bâton, un jeune berger levant la tête vers les anges du haut de la toile, et surtout une ravissante figure de jeune fille dans le coin du tableau, à gauche, qui semble un portrait. Les têtes d'anges dans les nuages sont peintes plus largement, à la flamande. En regardant cette toile, je songe au Valentin, à Caravage, avec moins de brutalité et plus d'assoupissement dans le ton. Par extraordinaire, Le Nain, en peignant *la Crèche*, a sacrifié par endroits au style du temps : les plis de la robe de la Vierge, d'un soyeux un peu métallique, sont contournés et cassés ; cependant, en comparant cette *Crèche* avec les tableaux religieux de Simon Vouet qui se trouvent à côté, on comprend déjà la force et la supériorité de Le Nain sur les peintres de son temps, les Blanchard, les Du Fresnoy, les Lahyre, les Perrier, qui remplissaient les églises et les palais de compositions historiques et religieuses.

Le tableau qui se voit dans une chapelle de l'église Saint-Étienne-du-Mont est de beaucoup supérieur à celui du Louvre. Plus monté en ton, d'une harmonie moins lourde, si certaines draperies malencontreuses, d'un rouge brique, ne tiraient l'œil tout d'abord, cette toile pourrait être mise à côté des maîtres de second ordre de l'Espagne et des Flandres. Ainsi que dans *la Crèche* de la Galerie française, des anges perdus dans les nuages lancent des rayonnements sur la Vierge assise au milieu du tableau et occupée à changer les layettes de l'enfant Jésus. Un homme à cheveux gris et à barbe blanche (sans doute saint Joseph) regarde l'enfant d'un œil attendri. Trois anges occupent le second plan, l'un préoccupé par cette scène d'intérieur, l'autre qui montre le ciel du doigt, et le troisième, du côté opposé, qui, près du manteau d'une haute cheminée, fait chauffer un linge destiné à l'enfant Jésus. Par sa conception et les anges emplumés dans une chaumière, ce tableau me rappelle la fameuse *Cuisine des Anges*, de Murillo, et en même temps il a quelques analogies dans la couleur (1) avec certaines toiles de l'illustre peintre de Séville, quoique le pinceau de Le Nain, en tant que peintre de tableaux religieux, soit loin de la coquetterie et du brillant de Murillo. La *Nativité* de Saint-Étienne-du-Mont n'est pas sans quelques rapport, pour le ton général, avec le fameux *Corps de Garde* de M. de Pastoret. Le berceau du premier plan, la lueur du foyer, certaines figures d'anges sont peintes dans la même gamme large et puissante. Les types des deux tableaux religieux sont plutôt terrestres que séraphiques. La Vierge de Saint-Étienne-du-Mont ressemble au charmant profil que je signalais comme un portrait dans *la Cène* du Louvre (2). Si l'ange qui fait chauffer les langes est l'ange de tradition (joufflu, rosé, un peu à la Rubens), il en est trois autres plus réels, un qu'on ne voit pas tout d'abord, perdu dans le clair-obscur produit par le rapprochement de la Vierge et de saint Joseph;

(1) M. Villot a dit justement des Le Nain « qu'ils offrent une espèce de reflet de l'école espagnole. »
(2) Les quelques lignes de Sauval à propos des Le Nain sont du plus grand intérêt et montrent comment Le Nain procédait : « Toutes ces têtes (de Vierges et d'anges) sont *d'après nature* », dit-il en parlant de l'*Assomption* de Saint-Germain-des-Prés

mais j'admire surtout un ange blond levant le bras vers le ciel, qui est le type du plus charmant gamin parisien, un peu maigre, les cheveux emmêlés.

Quoique ces deux peintures religieuses ne jouent pas le rôle principal dans l'œuvre des Le Nain, elles n'en présentent pas moins un caractère tout particulier qui les distingue des tableaux d'église de la même époque. En les observant de près, les deux toiles ont le privilège d'évoquer à l'esprit le souvenir de grands maîtres, et si la composition n'offre rien de saillant qu'une certaine simplicité (bien éloignée, il est vrai, de la naïveté des scènes rustiques), quelques morceaux pris isolément, ainsi que quelques têtes, sont d'un peintre hors du commun.

La Nativité, de Le Nain (haut., 2m 20, larg., 1m 45), fut donnée à l'église Saint-Etienne-du-Mont par Napoléon.

Dans la *Description historique des curiosités des églises de Paris...*, par M. C. P. G. (Gueffier). (Paris, C. P. Gueffier père, libraire, 1763, in-12), l'auteur cite, dans la chapelle de Saint-Jacques et Saint-Philippe, le tableau de l'autel représentant un *Crucifix*, peint en 1646 par Le Nain.

On trouve la désignation d'un *Calvaire*, de Le Nain, à Notre-Dame, dans le « Catalogue historique et chronologique des peintures et tableaux réunis au dépôt national des monuments français, par Alex. Lenoir, conservateur dudit dépôt, adressé au comité d'instruction publique le 11 vendémiaire an III. » Tableaux et objets d'art réunis pour le Muséum du Louvre, du 6 nivôse 1793, an II de la République »; mais ce *Calvaire* a disparu.

Jadis se remarquaient dans diverses églises d'autres tableaux religieux des Le Nain :

Deux à Saint-Laurent, la *Visitation* (haut., 2ᵐ 76, long., 1ᵐ 38) ; la *Présentation au Temple* (haut., 2ᵐ 76, larg., 1ᵐ 38).

La Vierge et ses Adorateurs, à Saint-Nicolas-des-Champs, rue Saint-Martin.

Que sont devenus tous ces tableaux? M. Lavallée a donné de leur disparition une raison dont je le laisse garant.

« Plusieurs églises de Paris possédaient autrefois des tableaux des frères Le Nain ; mais malheureusement la plupart ont péri lorsqu'on a voulu les restaurer, parce que ces artistes étaient dans l'usage de peindre sur des impressions de glaise, et que leurs couleurs peu empâtées, surtout dans leurs derniers temps, s'enlevaient comme si elles eussent été détrempées, » dit M. Joseph Lavallée dans *la Galerie du musée Napoléon*, publiée par Filhol ; Paris, 1808. Je ne sais ce que M. Lavallée entend par peindre « sur des impressions de glaise. » Pour ce qui touche plus particulièrement Le Nain, j'ai pu m'assurer du contraire à Saint-Etienne-du-Mont où l'on restaure à l'heure qu'il est, avec mille précautions, *la Nativité* qu'un prêtre trop rigoriste avait fait jadis couvrir de voiles prudents pour cacher la poitrine de la Vierge donnant à téter à l'enfant Jésus. J'ai vu le tableau de près. Le Nain peignait en coloriste, sur un fond gris argentin qui lui donne tout d'abord une harmonie précieuse, et il se garde bien d'employer cette singulière « terre glaise » qui, m'assure le restaurateur, n'a servi à aucun peintre.

Je trouve quelques tableaux religieux signalés dans des catalogues de musées de province :

L'archange Saint-Michel faisant hommage à la Vierge de ses armes, fut donné à Nevers le 26 mai 1812 (haut., 8 pieds, larg., 4 pieds 6 pouces.)

Le catalogue du Musée d'Epinal contient cette description :

« Le Nain (Louis), mort à Laon, lieu de sa naissance, en 1648.

» 71. *Le Déluge*.

» Ce tableau, dit le rédacteur du livret, a été tellement défiguré par des restaurations, qu'il en est méconnaissable. »

Larg., 0m 52, hauteur, 0m 37.

Enfin M. Victor Pavie, dans un article sur le musée d'Angers (*Artiste*, 15 mai 1847), disait en quelques mots très-justes : « L'*Artiste*, dans sa croisade de réhabilitation de l'École française, se ferait fort, à bon droit, de *la Nativité* des Le Nain, ces frères sobres et lumineux dont Eugène Delacroix (1) n'a pas dédaigné l'étude. Le groupe mystérieux sur lequel se concentre tout le rayonnement de cette scène nocturne a les reflets d'argent de Murillo. »

Ce tableau avait déjà été décrit d'une manière plus explicite par M. Joseph Marchand dans la *Nouvelle Notice des tableaux du Muséum de l'école centrale du département de Maine-et-Loire*. Angers (sans date) :

« Nain (Louis et Antoine Le) frères, nés à Laon, morts en 1648.

(1) J'ai vu en effet chez M. Eugène Delacroix une copie de *la Forge*, faite par lui dans sa jeunesse.

» N° 81. *La Nativité.*

» Haut., 1 pied six pouces 1/2, larg., 4 pieds 10 pouces 3/4.

» La Sainte Vierge, à l'entrée d'une étable, reçoit les bergers qui, attirés par la nouvelle de la naissance de Jésus, viennent lui rendre hommage et lui offrent des présents. La plupart sont à genoux et adorent le nouveau-né. Dans la partie la plus élevée, des anges se réjouissent de sa venue et chantent ses louanges.

» L'effet sombre de ce tableau, dont toute la lumière est fixée sur le groupe de figures entourant le petit Jésus, donne à cette composition tout l'air mystérieux qui convient à ce sujet (1). »

M. Villot n'a pu que résumer les documents de dom Grenier, retrouvés par moi en 1850, dans sa Notice des tableaux de l'École française (1855). Il décrit ainsi *la Crèche* qu'on voit au Louvre :

« 374. *La Crèche.*

» Haut., 2m 84, largeur, 1m 39. — Fig. de gr. n.

» A droite et devant saint Joseph, debout, appuyé sur un bâton, la Vierge, de profil et agenouillée, va couvrir d'un voile l'enfant Jésus couché sur la paille, dans une crèche. Au milieu, sainte Élisabeth, à genoux, les mains jointes, en adoration. A gauche, également agenouillé, un berger vu

---

(1) J'ai cherché vainement, cette année, *la Nativité* au musée d'Angers. Comme il arrive trop souvent en province, les bibliothèques et musées sont absolument fermés aux étrangers et aux artistes : on restaure toujours les salles, on restaure les tableaux, hélas ! le directeur ou le bibliothécaire sont absents, etc. M. le directeur du musée d'Angers n'a même pas daigné me répondre un simple mot à propos de cette *Nativité* disparue.

de profil tenant un long bâton. Derrière lui une femme debout, un berger qui se retourne et lève la tête vers le ciel, où l'on voit sur des nuages quatre anges, dont un tient une banderolle sur laquelle on lit : *Ecce agnus Dei.*

» Musée Napoléon. »

Il est facile de s'expliquer la rareté des peintures religieuses des Le Nain par les excès des révolutionnaires qui détruisirent nombre de toiles précieuses ; mais il est maintenant clairement démontré que les Le Nain peignirent beaucoup de toiles de ce genre.

« Ce furent sans doute Barosto et sa bande ignoble qui *imprégnèrent de couleur* ou brûlèrent quelques toiles des Le Nain, qui, depuis plus de cent ans, faisaient la gloire de deux ou trois des églises semées par leur ville natale, Saint-Remy-Place et les Cordeliers », dit M. Éd. Fleury dans sa brochure des *Vandales et iconoclastes.* (Laon, 1849, in-8°.)

Il en est des objets d'art comme des hommes : l'incendie, les révolutions, le temps, l'humidité, la poussière, les détruisent peu à peu. Ils sont condamnés fatalement à disparaître. Où trouver des musées assez grands pour contenir tout ce qui sort de la main des hommes ?

VIII.

DESSINS.

Le Musée du Louvre possède, dans sa riche collection de dessins, un dessin lavé sur crayon, de Le Nain, représentant *deux femmes assises*. Ce dessin n'a pas besoin d'être signé. Dessiné d'une façon simple et modeste, il est réellement d'un Le Nain.

C'est le seul dessin de Le Nain que je connaisse.

Même par le catalogue des œuvres des trois frères, passées en vente publique de 1755 à 1845, on verra combien sont rares les crayons de ces maîtres; ils dessinaient peu, ils ont beaucoup peint. Je ne m'arrêterais pas sur le dessin du Louvre, si je ne l'avais fait graver dans une intention particulière, à cause du costume des deux femmes. Frappé à la vue des poteries émaillées en vert qui se trouvent au premier plan d'un des *Intérieurs de ferme* de Le Nain de la Galerie Française au Louvre, je me suis dit que les Le Nain avaient dû voyager ou résider dans le midi de la France. Il est rare que les poteries d'Avignon, de Montpellier et d'Arles aient circulé dans le Nord. Les études que j'ai faites de la céramique populaire et mes voyages dans différentes parties de la France m'ont confirmé dans ces idées ; il a fallu l'élan donné de nos jours à l'étude de la faïence pour amener certains échantillons précieux des fabriques marseillaises dans les collections; mais la poterie grossière ne s'est guère répandue dans un rayon de plus de vingt lieues.

Quoique les peintres aient été de tout temps enthousiastes des *curiosités*, les Le Nain n'étaient pas des gens à sacrifier au *pittoresque* et à placer des pots de forme bizarre pour appeler l'attention du public. S'ils ont peint des terrailles du Midi, c'est qu'ils les avaient sous les yeux, qu'ils se trouvaient dans un pays où ils ne retrouvaient pas les écuelles du Nord : et comme ils dessinaient ce qui frappait leurs yeux, ne peut-on pas expliquer ainsi leur séjour ou leur passage dans le Midi?

Le dessin du Louvre confirme ces idées. Les deux femmes assises ont de certaines coiffes qui rappellent les coiffes jetées sur le derrière de la tête des femmes des campagnes autour d'Arles et de Nîmes. Les bonnets des femmes du centre de la France et particulièrement de la Picardie ont été inventés pour préserver la tête du froid; jamais ne se voient ces légères coiffes ainsi jetées sur l'arrière du crâne; au contraire, ils entourent la figure, la protègent par de grandes ruches ajustées à la calotte de l'étoffe. Ces bonnets particuliers, ces poteries ne suffisent-ils pas à prouver que les Le Nain ont travaillé, séjourné et peut-être ont fini leurs jours dans le Midi?

IX.

LE NAIN VIS-A-VIS DE SES CONFRÈRES ET DE SES CONTEMPORAINS.

Il serait impossible de faire comprendre l'accent particulier des peintures des Le Nain, si on ne jetait un rapide coup-d'œil sur l'art au XVIIe siècle. On a pu voir par les listes des membres de l'Académie à sa fondation combien la postérité a laissé dans l'oubli ces médiocrités qui ont toujours formé une majorité imposante dans les assemblées qui semblent appeler les hommes à la tête de l'art ou de la littérature. De nos jours, quand un académicien est élu et qu'on montre le fauteuil si diversement occupé depuis sa fondation, il faut le secours des bibliographes pour dire les titres de la plupart de ces ombres qui n'ont rien laissé, pas même un quatrain. Les Boullongne, les Testelin, les Beaubrun, les Bernard, les Ferdinand, les Mauperché, les Pinagier, qui dira leurs titres, sinon un de ces esprits amoureux du passé et pour qui tout poëte et tout peintre morts sont consacrés à jamais ? Si on enlève des listes de l'Académie Le Brun, Bourdon, Le Sueur, le sculpteur Sarrazin, les trois Le Nain, dont les figures sont les plus accusées à l'époque de la fondation de l'Académie, que restera-t-il ? Et pourtant, dans deux volumes publiés de nos jours, l'un : *Mémoires pour servir à l'Histoire de l'Académie royale de peinture et de sculpture depuis 1648 jusqu'en 1664*, annotés par M. de Montaiglon (Paris 1853), l'autre : *Mémoires inédits sur la vie et les ouvrages des membres de l'Académie royale de peinture et de sculpture*, publiés d'après les manuscrits conservés à l'Ecole des Beaux-Arts, par MM. Dussieur, E. Soulié, Ph. de Chennevières, Paul Mantz et de Montaiglon (Paris 1854), dans ces deux ouvrages curieux et relatant jusqu'à la minutie les œuvres des moindres académiciens, le nom des Le Nain n'est pas prononcé une seule fois.

Ils furent membres de l'Académie, ils ne furent pas dignes de l'être, ont pensé les auteurs de ces manuscrits. L'époque était aux grandes machines : Vouet, Le Brun, même Le Sueur et même Philippe de Champagne. Protégés exclusivement par la cour et le clergé, les peintres ne pouvaient donner carrière à leur pinceau qu'en décorant des palais, des châteaux, des abbayes. C'est ainsi que Rubens venait de 1620 à 1623 terminer les grandes peintures pour le palais du Luxembourg, de même que Velasquez, dans toute sa réputation en 1630, voyageait en Italie et venait plus tard préparer à Paris les logements de la cour de Philippe IV. Rubens et Velasquez, presque ambassadeurs, voilà le rôle des peintres illustres de l'époque. D'autres comme Le Sueur et Philippe de Champagne sont employés par les abbayes à peindre de grandes suites de tableaux religieux, comme la *Vie de Saint Bruno* qu'il est curieux de comparer au Louvre et au musée de Bruxelles; enfin certains obtiennent, une fois l'an, une commande des corporations de marchands qui offraient un tableau ou *un an* aux abbayes, leurs paroisses. Tels sont, à cette époque, les encouragements donnés aux arts; le gros public ne s'inquiète pas de peinture et n'en achète guères. La bourgeoisie n'a pas trouvé ses artistes; tout au plus achète-t-elle les estampes d'un Abraham Bosse qui, plus que Callot un peu surfait de nos jours, reste une importante figure du règne de Louis XIII. Nobles, prêtres, bourgeois, artisans, courtisanes, Bosse a tout crayonné, et, si je veux connaître la physionomie du xviie siècle, j'aime mieux feuilleter son œuvre considérable que de lire de lourds historiens. Il est encore d'autres peintres comme Vouet qui, en 1630, fondent une école; mais ce sont toujours des peintres attachés à la cour, et Simon Vouet en est le parangon, avec ses souvenirs italiens, ses compositions faciles qui ne manquent pas d'un certain brillant, mais qui rappellent trop directement des motifs connus.

Deux des frères Le Nain se montrèrent d'une excessive hardiesse en important dans l'art ces *paysans* que rien ne pouvait relever de leur bassesse, ni la vive coloration, ni la gaîté, ni la bamboche. Le mot était déjà consacré : peintres de *bambochades*. Teniers, Ostade, Brawer, peintres de bambochades. Les grands ne prenaient pas ces toiles au sérieux; mais elles les divertissaient comme une caricature de nos jours. C'est réellement une *singularité* que ces tableaux de paysans de Le Nain au milieu des toiles religieuses et décoratives du temps. S'ils avaient peint des paysans pour les représenter dans leurs divers travaux, je le comprendrais. La recherche du nouveau et du *pittoresque* à notre époque a montré les paysans à la vendange, récoltant le blé, se disputant au cabaret, semant, plantant, labourant, etc. Nous avons des peintres voués aux Normands, d'autres aux Bretons : ils font école. Il pousse tous les ans des jeunes gens qui, trouvant l'*invention* bonne, ne peindront plus que des Bretons. Ce sont des questions de mode ; mais Le Nain n'en veut ni à l'habit ni à l'outil des paysans; son œuvre démontre qu'il s'est appliqué à peindre le *moral* des paysans, et de certains paysans, d'une seule famille presque. Il ne fait pas une galerie de paysans comme son contemporain Abraham Bosse qui reste impersonnel vis-à-vis des nombreux types qu'il a burinés. Le Nain fait corps avec ses paysans, il croit en eux, il n'en rit jamais. Singuliers artistes ! En effet, il y a de quoi troubler une Académie, et, s'ils en furent membres, c'est certainement par le crédit de leur frère, peintre de la cour.

Si leur œuvre encore aujourd'hui est une détonation dans une galerie de tableaux, on pense quel effet elle devait produire de leur vivant, quand la réputation et la mort n'avaient pas illuminé leurs noms. Je mets Simon Vouet et Le Brun en présence d'un tableau de Le Nain ; il est certain que voilà deux peintres habiles, rompus aux difficultés des grandes machines, ayant une certaine intelligence de l'art. Si Le Brun et Vouet ne sont pas renversés par cet art modeste et plein de conviction, si toutes leurs idées en peinture ne sont pas confondues, je consens à reconnaître que le présent travail ne renferme pas un mot raisonnable. Pas de composition, pas de coloris, pas de comique, pas de gaîté, de la mélancolie, des paysans qui songent, voilà les tableaux des Le Nain.

Les Le Nain vis-à-vis de leurs contemporains me font penser à ce pauvre Sorel, le premier romancier de la bourgeoisie en France, qui eut le courage d'opposer les *mots de la place Maubert* aux *mots dorés*, comme on disait alors. L'auteur de *Francion* vécut pauvre, dans une retraite absolue, sortant à peine de son cabinet et lançant mille traits malins contre le *grand Cyrus* et autres beaux romans aux sentiments quintessenciés. Sorel eut tort longtemps et resta dans l'oubli ; de nos jours on réimprime le *Francion* qui se vend à de nombreux exemplaires ; M. Cousin pourrait dire quelle fut la médiocre fortune de sa réimpression du *grand Cyrus*. Sorel est de la même famille que Le Nain mis en regard de Simon Vouet.

Une question me vient : qui achetait leurs peintures ? Je tire les deux frères d'embarras en les mettant toujours sous la protection du Le Nain, peintre à la cour, qui, par sa position auprès du cardinal Mazarin, de la reine-mère et d'autres grands personnages, devait jouir d'une certaine influence ; mais quelle que soit cette influence, l'effet produit par la peinture des deux frères au milieu de leur époque, n'était-il pas singulier ?

X.

MUSÉES NATIONAUX ET DE PROVINCE CONTENANT DES ŒUVRES
DE LE NAIN.

Ce chapitre contient la description des œuvres de Le Nain qui, se trouvant dans les musées de Paris et des départements, ne seront de longtemps sujets à aucun déplacement.

J'ai classé d'abord les peintures de genre, renvoyant au chapitre concernant les toiles religieuses celles moins nombreuses qu'on remarque dans nos musées et nos églises.

M. Fr. Villot a décrit ainsi les trois tableaux de genre que le Louvre possède :

NAIN (LES FRÈRES LE), *travaillaient vers le milieu du* XVIIe *siècle.*

375. *Un maréchal dans sa forge.*

H., 0,69. — L. 0,57. — T. — Fig. de 0,55.

Au second plan, presqu'au milieu de la composition, le maréchal devant sa forge, la tête tournée vers le spectateur, saisit une barre de fer qu'il fait chauffer ; plus à droite et auprès de lui, une femme vue de face et debout, les mains croisées l'une sur l'autre. Au premier plan, du même côté, un vieillard assis sur un escabeau, tenant d'une main une bouteille garnie d'osier, et de l'autre un verre. Un enfant est placé entre la femme et lui. A gauche, deux autres enfants, dont le plus grand tire la chaîne du soufflet de la forge. Au milieu, un marteau et une enclume qui cache la partie inférieure du corps du maréchal.

» *Gravé sur le dessin de Fragonard, par Levasseur et Claessens, dans le Musée français;* — *par Wissbrod.* London, t. 1, pl. 75. — F. Thol, t. 5, pl. 344. »

Ancienne collection. — Ce tableau fut vendu 1,008 livres à la vente du duc de Choiseul en 1772, et 2,460 livres à la vente du prince de Conti en 1777.

376. *L'Abreuvoir.*

H., 0,91. — L., 1,17. — T. — Fig. de 0,60.

« A droite, devant une femme debout, un paysan soulève une dalle que recouvre une auge dans laquelle une petite fille puise de l'eau avec une coquille. Près de l'auge, un mouton et une chèvre. Au milieu de la composition, une femme avec un panier au bras, accompagnée d'une petite fille et d'un jeune garçon jouant du galoubet. A gauche, un paysan, vu de dos, tenant un grand bâton, suivi de deux moutons. Au second plan, près d'un pan de mur, deux paysans amènent une vache vers l'auge. Par terre, sur le devant du tableau, une hotte renversée, deux choux, des légumes et des fruits.

» Ancienne collection. »

377. *Le repas villageois.*

H., 0,92. — L., 1,17. — T. — Fig. de 0,60.

« A droite, près d'une maison dans laquelle on voit un homme appuyé sur une porte basse, un paysan, assis devant une table à moitié recouverte d'une serviette, tient une écuelle de terre rouge d'une main et une cuillère de l'autre. Au milieu, une femme donne à une petite fille debout sa part du repas. Vers la gauche, une autre petite fille, assise, fait de la dentelle. Dans le fond, un homme debout, enveloppé d'un manteau, tenant un bâton, appuyé sur un âne. Au premier plan, à gauche, un chien couché, une cruche. A droite, une marmite, deux vases de terre, une serviette.

» Ancienne collection.

» Nain (attribué à Le). »

378 *Procession dans l'intérieur d'une église* (1).

H., 0,54. — L., 0,65. — C. — Fig. de 0,38.

« Des critiques, dit M. Villot, qui ne retrouvent pas dans l'exécution de ce tableau le style, la couleur et la touche qui caractérisent d'une manière si tranchée les peintures de Le Nain, ont pensé que François Porbus le fils pourrait en être l'auteur. Après un examen fort attentif, tout en reconnaissant qu'il diffère sous beaucoup de rapports des autres œuvres authentiques des frères Le Nain, il nous semble français, et faute de pouvoir le donner avec une certitude bien arrêtée à un artiste quelconque, nous nous contenterons, momentanément, en raison de l'ancienneté de la dénomination, à *l'attribuer à l'un des Le Nain.* »

Je ne suis pas partisan des toiles *attribuées* à un maître, quand il est reconnu qu'elles ne sont jamais sorties du pinceau de ce maître. Pourquoi ne pas se servir de l'indication :

---

(1) On trouve la description de ce tableau, dans le catalogue, vente du cabinet du bailli de Breteuil, 1785.

maître inconnu ? Avec ces tableaux douteux on pourrait former une salle à part, celle des maîtres inconnus, sur lesquels s'exercerait la science critique, et peu à peu, quand l'opinion serait fixée et que la toile serait décidément *réclamée*, comme un enfant trouvé, par son véritable père, elle rentrerait dans les galeries à côté des autres maîtres.

Ce tableau de la *Procession* est peint *sur cuivre*, et ce serait la première fois que les Le Nain se seraient passé de toiles.

M. Clément de Ris, qui a beaucoup étudié les musées de la province, nie la désignation du catalogue dans le numéro de l'*Artiste* du 15 septembre 1849 : « Nous avons vu, au musée de Nantes, le *Convoi d'un Évêque*, composition d'Andréa Sacchi, d'une touche franche et vigoureuse, d'une belle couleur, simplement et adroitement disposée. Ce tableau nous a rappelé dans bien des parties une *Procession* du musée de Paris, attribuée *sans aucun motif* aux frères Le Nain, et qui est *sans aucun doute* de l'école italienne. »

De même que le critique ci-dessus et d'autres connaisseurs en tableaux, je suis certain que la *Procession* n'est pas des Le Nain. Il est vrai qu'ils ont varié de manière. Le *Maréchal* ne ressemble pas aux *Intérieurs de ferme*; l'*Adoration des bergers* est dans une toute autre voie. Et cependant on se rend compte de ces variations; tandis que la *Procession*, du Louvre, qu'elle soit de l'école flamande ou italienne, sort d'un pinceau tout-à-fait en désaccord avec la peinture des Le Nain.

Le livret historique du musée de Valenciennes, par A. J. Potier, Valenciennes, 1841, donne comme de l'école de Louis Le Nain :

135. *Deux hommes jouant aux cartes près d'un tombeau.*
H., 57 cent. — L., 63 cent.

Tout d'abord, le sujet m'avait semblé contraire au tempérament des Le Nain ; j'ai cherché depuis au musée de Valenciennes et je me suis assuré qu'il n'y existe pas de toiles de Le Nain.

Le catalogue du musée du Puy donne comme des Le Nain :

67. *Tête de vieille femme.*

69. *La mère qui peigne sa fille.*

On ne discute pas ces peintures. Elles sont de n'importe qui, excepté d'un peintre. Le tableau du musée de Rouen est plus vrai, et M. de Chennevière-Pointel, alors inspecteur des musées de province, m'écrivait à ce sujet :

« J'ai cru bon de vous rapporter une description un peu détaillée du tableau de Le Nain, du musée de Rouen. Il représente un *Intérieur de ferme*. Au milieu, une vieille, dont les chairs et la camisole sont peints d'un certain rouge brique assez familier aux Le Nain, file assise devant son rouet et regarde en face le spectateur. Auprès d'elle, sur le premier plan à gauche, se voient deux petites filles, dont l'une, assise par terre et tournant presque le dos, fait de la dentelle sur un petit métier posé sur ses genoux ; l'autre est debout, tenant d'une main du pain, et de l'autre une pomme. Dans le fond, à droite, un bonhomme est assis, se chauffant devant l'âtre, et tout le premier plan, à droite, est encombré de légumes et d'ustensiles de cuisine posés sur une tonne et sur une bancelle. Tout ce coin est aussi beau, aussi large, et aussi fin qu'un Kalf ou que le plus roué Hollandais. Le petit coin du paysage qu'on entrevoit à gauche est d'un ton très-fin et rappelant plutôt la lumière française des Claude et des Lahyre que celle des Flamands. Sur le cadre est écrit : Acquis par le Musée en 1810. »

Le catalogue du musée de Rennes, 1859, donne comme de Le Nain deux tableaux :

212. Une jeune femme tient sur ses genoux un enfant nouveau-né, une autre femme approche une bougie allumée.

H., 0,76. — L., 0,91.

213. La Sainte Vierge, Sainte-Anne et l'Enfant-Jésus, auquel des Anges présentent des fruits.

H., 0,38. — L., 0,58.

Je n'ai pas vu ces tableaux, non plus que celui du musée de Semur (Côte-d'Or.)

Mendiante portant des enfants sur le dos, par les frères Le Nain.

M. Léon Lagrange m'envoie la note suivante :

« Dans une exposition de tableaux anciens qui a eu lieu à Avignon, en 1858,

» N° 253. Les frères Le Nain. *Mendiants*. Fait partie de la galerie de M. Baruel.

» Mauvaise copie, autant qu'il m'en souvient.

« Dans une exposition du même genre, à Carcassonne, en 1859,

» N° 119. Ant. Le Nain. — Appartenant à M. Adolphe Peyre.

» Sur celui-là, je retrouve la note suivante : Intéressant. — Peinture ferme, solide. — Une vieille femme, assise près d'une grande cruche de cuivre ; à côté, une petite fille et un chien. Près de ce groupe, un mendiant debout, suivi de son fils garçon vêtu de rouge, qui a les mains dans les poches. »

Ces sortes d'expositions des objets d'art de toute une province sont excellentes à propager ; elles mettent en lumière beaucoup d'œuvres ignorées.

Voici ce que je trouve dans le catalogue de mai 1858 de l'exposition de Chartres :

1190. *Bohémiennes volant des paysans.*

(Tableau appartenant à M. l'abbé Hénault, curé de Lucé, canton de Chartres).

135. *Intérieur de Savetier.*

(Tableau appartenant à M. David de Thiais, d'Unverre, près Chartres).

Je crains que ni l'un ni l'autre de ces tableaux ne soit sorti du pinceau des Le Nain ; les biographes avaient tant parlé de la *bassesse* des sujets de Le Nain que le vulgaire leur a attribué toutes les guenilles peintes, tous les mendiants, tous les voleurs et toutes les bohémiennes. Il en est de Le Nain comme du « réalisme » chargé de toutes les abominations ; on reconnaîtra plus tard que les écrivains et les artistes traités plus particulièrement de « réalistes » se plaisaient à peindre les mœurs domestiques, de même qu'aujourd'hui, après deux siècles, il n'y a que les Auvergnats qui achètent à l'hôtel des commissaires-priseurs des enfants déguenillés pour des Le Nain.

Il y eut en 1860, à Amiens, une exposition plus importante que celle de Chartres. Je crus devoir envoyer dans cette importante ville picarde deux tableaux de Le Nain qui m'appartiennent, pour bien faire comprendre combien je m'associais à une idée favorable au développement de l'art. M. Paul Mantz a rendu compte de ces tableaux dans *l'Artiste* du 1ᵉʳ juillet 1860 :

« L'école du xviiᵉ siècle n'est représentée à Amiens que par quelques œuvres de valeur. De ce nombre sont les tableaux de Le Nain ou d'un des Le Nain, car on ne sait jamais comment dire lorsqu'on a à parler d'un des membres de cette mystérieuse trinité. Des deux tableaux prêtés par M. Champfleury, le second, c'est-à-dire l'*Intérieur de Ferme*, est un Le Nain des plus authentiques. Il appartenait à l'auteur des *Peintres de Laon* de recueillir, pour la galerie qu'il commence, une œuvre indiscutable de ce maître qui, au temps où Vouet menait l'école dans la voie de la manière, se montra si franc, si simple, si accentué dans ses scènes rustiques. L'exposition possède aussi un autre Le Nain que ne mentionne pas le catalogue. Assez différent de celui de M. Champfleury, il est conçu dans une gamme de tons plus clairs. Des rouges vifs s'y marient heureusement à des gris très fins (1). Le Nain a groupé dans cette peinture une famille de paysans étudiés au point de vue du portrait et très remarquables par la vérité des attitudes et le caractère des physionomies. Ce tableau mériterait d'être gravé et nous espérons qu'il le sera bientôt.

« A l'heure qu'il est, les catalogues des musées de province

---

(1) C'est le tableau qui appartient à M. Édouard Fleury, et qui a été décrit précédemment.

ne sont pas encore dressés convenablement, et le mal n'est pas grand. Les connaissances en peinture se sont généralisées, on obtiendra des désignations plus réelles, et nul doute qu'il ne sorte de cet inventaire encore l'indication d'autres tableaux des Le Nain.

XI.

LE NAIN A L'ÉTRANGER.

M. W. Bürger, un des écrivains qui aujourd'hui connaissent le mieux les richesses artistiques de l'Europe et qui en parle non pas en froid amateur, mais en esprit hardi et indépendant, a bien voulu dépouiller pour moi ses notes sur les musées de l'étranger qu'il a presque tous vus, et il n'a trouvé que trois toiles de Le Nain au musée de Gotha, qui, me dit-il, doivent être authentiques, car le catalogue est rédigé par un réel connaisseur, M. Kugler.

Musée de Gotha. — « Louis, né en 1583, et Mathieu, né en 1585, morts tous deux en 1648. »

Marchande de légumes, devant laquelle une femme, vêtue de bleu, avec une petite fille. — Sur bois. H., 1 pied 5 pouces 1/2. L., 1 pied 1/2.

Site, avec architecture. Un homme conduit une charrette chargée de légumes ; à côté, plusieurs figures et des bestiaux. — Sur toile. 3 pieds de haut. sur 3 p. 9 p. de larg.

Intérieur de cabaret. Une femme trait une chèvre ; derrière elle, un enfant et un vieillard qui cause avec un paysan. — Sur toile. 2 pieds 6 p. de haut sur 3 p. 2 p. de larg.

Waagen ne cite pas moins de seize tableaux de Le Nain dans son livre des *Trésors d'art de l'Angleterre*. Il est fâcheux que les descriptions en soient un peu sommaires ; mais ce catalogue de *seize* tableaux n'en est pas moins du plus grand intérêt.

Le Nain. — *Sept enfants, quatre jouant aux cartes.* Peinture d'une grande animation et individualité de caractère, soigneusement exécutée, avec tons chauds dans les lumières, quoique un peu obscure dans les ombres. — (Buckingham-Palace.)

Louis et Antoine Le Nain. — *Enfants écoutant un joueur de flûte.* Cette peinture a toute la simplicité et la vérité de sentiment, la décision des formes, l'excellent empâtement et le puissant coloris par lequel ces deux artistes, qui vivaient à Laon dans la première moitié du XVIIe siècle, se sont si avantageusement distingués de la plupart de leurs compatriotes. (Stratford-house.)

Le Nain. — *Enfants dans un paysage.* De la vérité habituelle, et aussi de son coloris clair et de son effet délicat habituels. (M. Neeld.)

Le Nain. — *A gauche, une vieille femme assise, à droite un homme debout et un enfant. Dans le fond, un escalier à découvert sur lequel sont des figures.* (Lord Carlisle.)

Le Nain. — *Deux garçons et une petite fille faisant de la musique.* D'une singulière fraîcheur, animation et délicatesse. (M. Bredel.)

Le Nain. — *Une vieille femme et sept enfants; un d'eux, un enfant, jouant du violon.* Ce tableau a toute la naturelle vérité de ce maître, et est à la fois d'un coloris très-clair. (Petworth.)

Le Nain. — *Une Famille.* D'une grande vérité et animation. (Tirlestaine-house.)

Le Nain. — C'est le nom donné à une peinture, très-vigoureusement exécutée, d'une femme ivre sur un âne, avec une autre femme, un homme et un enfant. Il me semble cependant trop puissant en ton pour lui, et pas entièrement conforme à son caractère. Sous ces deux rapports, il me rappelle beaucoup Victoor, le disciple de Rembrandt.

Le Nain. — *Quelques enfants dansant au sifflet d'un enfant; aussi une mère et son petit.* Très animé, sans affectation, et vrai.

Le Nain. — *Un enfant à cheval sur un bouc, avec d'autres personnes.* Le pendant à la femme sur un âne, et par la même main flamande.

(Tous les trois Lowther Castle.)

Le Nain. — *Un enfant avec lumière.* Très animé, mais il est trop haut pour donner une opinion. (M. Lellau.)

Le Nain. — *Diverses figures.* D'une conception animée, et puissamment dessinés à la sépia. (M. Sackwile Bale.)

Le Nain. — *Une famille de paysans française.* Très confuse dans l'arrangement, mais animée dans le détail.

Le Nain. — *Une femme assise, trois enfants, et un mendiant.* Bonne peinture. (Lord Caledon.)

L'école française n'est pas tout à fait mal représentée dans la collection du Rev. M. Heath. *Une pauvre famille sur le point de prendre son humble repas*, par LE NAIN, apporte un témoignage à la vérité de sentiment qui rendit ce maître si populaire. C'est aussi très soigneusement exécuté. (Rev. M. Heath.)

Le Nain. — *Quatre hommes jouant aux dés, et une autre figure.* De son soin et de sa vérité habituels, mais d'un plus puissant coloris. (Lord Dunmore.)

Ces indications sont tirées des *Treasure of art in great Britain*, by Waagen, 4 vol. in-8° ; Londres 1854 ; mais déjà *O. T. Waagen*, dans l'ouvrage intitulé : *Kunstwerken und Künstler in England und Paris*. (Œuvres d'art et artistes en Angleterre et à Paris. Berlin, 1838, 3 vol. in-8°) avait cité les tableaux suivants de Le Nain :

Le Nain. — *Des enfants qui écoutent jouer un vieux fifre.* Chez le duc de Sutherland, Stafford-house, à Londres.

Le Nain. — *L'atelier de l'artiste.* Celui-ci est occupé à peindre le portrait d'un homme qui pose. On y remarque encore trois autres personnages.

Le Nain. — *Chez le marquis de Beste*, à Luton-house.

M. J. J. du Pays, rédacteur de l'*Illustration*, dans un article consacré à ma précédente brochure sur les Le Nain, cite le tableau suivant :

Le Nain. — *Galerie du collège de Dulwich*, près de Londres.

Un groupe de figures avec des moutons à un puits ; sur le devant une femme vendant des fruits.

Un jeune écrivain, M. Zacharie Astruc, m'a détaché de ses notes sur l'exhibition de Manchester la description suivante :

Saloon II. N° 1,046.

Louis Le Nain.

Five Children, one of them playing a pipe, another a violin..... Matthew Uzielli, esq^r.

« *Six petits enfants.* L'un joue du violon, un charmant objet

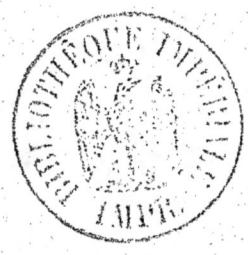

de fantaisie, l'autre, du hautbois. Ils sont presque sur le même plan, et semblent comme indifférents les uns aux autres. Fond de mur gris-sombre. Le sol offre des nuances verdâtres. Très-brillant de couleur, quoique dans une gamme paisible. Se rapproche beaucoup des Velasquez par le même sentiment cristallin des teintes. Plaît par son caractère simple et doux. Sa naïveté vous frappe comme une bizarrerie gracieuse. »

Du même tableau, M. W. Burger avait dit avec moins de sympathie :

« D'un des Le Nain : un petit tableau assez commun, et qui ne donne guères idée du maître. Cinq enfants, dont l'un joue du flageolet, et l'autre du violon; appartient à M. Matthew Uzielli. (Trésors d'art exposés à Manchester par W. Burger; un vol. in-18. Renouard, 1857.)

Je ne me prononcerai pas, laissant à chaque écrivain sa libre interprétation ; mais le relevé des frères Waagen, l'exhibition d'un tableau des Le Nain à Manchester, montrent que les Anglais s'inquiètent plus de ces peintres que les Français. Trouverait-on *dix-sept* Le Nain dans les galeries particulières de la France ?

Les Galeries de l'Hermitage, à Saint-Pétersbourg, contiennent également trois tableaux des Le Nain, ainsi catalogués :

Louis et Antoine Le Nain.

Intérieur d'une chambre de paysans, où l'on voit six petits enfants et deux femmes, dont l'une âgée est assise sur une chaise. S. M. C. H.

H., 23 p. L., 29 p.

Louis et Antoine Le Nain.

Près d'un mur en ruines, un paysan et sa femme, assis à table, au moment de commencer leur repas, sont abordés par un enfant qui semble leur demander l'hospitalité. S. M. L. H.

H., 19 p. L.; 24 p.

Louis et Antoine Le Nain.

Une paysanne, son mari et deux enfants, accompagnés d'un âne, se disposant à porter leur lait à la ville. S. M. C. H.

H., 20 p. L., 24 p.

Danse d'enfants, d'après le tableau du cabinet de M. Lowther, chevalier baronnet, peint par Le Nain.

Ce tableau a appartenu à M. le chevalier Schaub.

C'est le tableau qui a été gravé par Bannermann.

Le Nain. — *L'Adoration des Bergers*, dit le rédacteur du catalogue de la Galerie impériale et royale de Florence; mais M. Paul Mantz, qui a visité récemment la galerie de Florence, me signale cette indication comme fausse.

En y joignant quelques tableaux dont la description se retrouve au chapitre des gravures, tels sont actuellement les renseignements sur les tableaux des Le Nain à l'étranger.

Ainsi Nagler cite, dans la galerie royale de Schleissheim (près de Munich), un tableau de Le Nain représentant « un peintre occupé à peindre le portrait d'une femme assise devant lui. »

Le catalogue de la galerie de lord Grosvenor, rédigé par John Young. London, 1821, in-4°.

« Le Nain. — *Une scène italienne*, avec figures sur toile. »

Au chapitre des gravures, se trouve la désignation d'un tableau de Le Nain, dont le texte n'est pas tout-à-fait le même que le précédent :

« Louis Le Nain. — *Le Flûteur villaye*. Dans l'ancienne galerie.

» La vie de ce peintre semble n'avoir fourni à ses biographes aucun incident un peu intéressant. Ses sujets sont pris en général de la vie du peuple ; et plusieurs d'entre eux, comme notre tableau, sont peints avec une largeur et une transparence digne de Teniers. »

Sur cuivre. Haut., 10 pouces 1/4 ; larg., 1 pied 2 pouces. (*Catalogue of the collection of pictures*, of the most noble the marquess of Stafford, at Cleveland house, London, containing a sketch of every picture, and accompained with historical and biographical notices, by John Young, engraver in mezzotinto to his Majesty, and Keeper of the British institution, in two volumes. London, 1825.)

Il est difficile de ne pas se répéter dans une semblable notice ; mais les vrais amateurs me le pardonneront.

L'interiore di una Capanna est une gravure de Testa, au trait, qui fait partie de gravures de choix à l'eau-forte d'après les peintures de la galerie de Lucien Bonaparte.

Au n° 29 de la table de l'École hollandaise, allemande et flamande, il est ainsi décrit :

« L'intérieur de la cabane du paysan, petit tableau peint sur toile par Le Nain. »

Le Nain. — Un homme en cuirasse, coiffé d'un chapeau gris et tenant une lumière. A côté de lui sont quelques autres figures auprès d'un feu. Sur le devant, un tambour. S. T., 1 po. 6 po. 3/4. L. 1 po. 2 po. 1/4.

« L'effet de lumière est très bien rendu dans ce tableau habilement peint avec un pinceau soigné et lisse, mais un peu dur. »

N° 39 du livret de la galerie grand-ducale, à Ludwigshest (Mecklembourg-Schwérin.)

« Stafford-house. Le Nain. Portrait de Ch. Rivière du Fresny. » M. Dussieux, qui donne cette note dans le livre des *Artistes français à l'étranger*, dit, ainsi que je l'ai fait remarquer au chapitre des portraits : « Cette attribution est évidemment fausse. »

De ces tableaux, combien déjà de disparus ou passés dans de nouvelles mains ! Mais il fallait, dans une monographie qui cherche à être complète, donner les indications qui aideront plus tard les amateurs à reconnaître les tableaux décrits et à en suivre les pérégrinations.

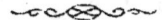

XII.

OPINIONS DIVERSES SUR LE NAIN.

L'opinion des critiques n'a pas toujours été favorable aux Le Nain ; ce n'est guère qu'aujourd'hui, deux siècles après leur mort, qu'elle s'est prononcée tout-à-fait en leur faveur. Félibien, qui semble tenir à ses phrases, a répété presque mot pour mot sa critique des *Entretiens* dans les *Noms des peintres les plus célèbres et les plus connus anciens et modernes.* (Paris, 1679.)

« Les Nains frères peignoient des histoires et des protraits, mais d'une manière peu noble, représentant souvent des sujets pauvres. » M'étant nettement prononcé sur le compte de ce pédant personnage, je le laisse dormir en paix. Mariette, dans ses notes de *l'Abecedario historico* d'Orlandi, les traite avec plus de justice. « Antoine et Louis Le Nain peignoient des bamboches dans le style françois, et s'accordoient si parfaitement dans leur travail qu'il étoit presqu'impossible de distinguer ce que chacun avoit fait dans le même tableau, car ils travailloient en commun et il ne sortoit guère de tableau de leur atelier où tous deux n'eussent mis la main. Ils avoient un fort beau pinceau et avoient l'art de fondre leurs couleurs et de produire des tableaux qui plaisoient autant par le faire que par la naïveté des personnages qu'ils y introduisoient. Ils travaillèrent durant toute leur vie dans la plus grande conformité de sentiments, et il semble que la mort ne voulut pas rompre une si belle union. »

Je ne saurais résister à l'envie de citer M. Gault de St-Germain (*Les trois siècles de la peinture en France*, in-8°, 1808). On aura ainsi différentes occasions de suivre le jugement de la critique :

« Les Le Nain, Louis et Antoine, ont aussi peint le portrait; mais ils sont plus connus par les sujets bas qu'ils se sont plu à traiter. Aucune des vérités ignobles n'a échappé à leurs recherches; ils ont imité les plus sales jusqu'au dégoût. Leur mérite, puisqu'il y en a toujours à exceller, même dans un mauvais genre, leur a survécu, et plusieurs de leurs ouvrages ont passé dans les plus célèbres cabinets de l'Europe.

» La naïveté, l'imitation exacte, l'excellent coloris, qui font le mérite des tableaux de Le Nain, en y ajoutant la rareté, les rendront toujours d'une grande valeur dans le commerce.

» M. de St-Yves avait de Louis Le Nain, une Famille de paysans à la porte d'une maison, tableau de 18 po. 9 l. de haut. sur 22 po. de large. »

Vérité *ignoble*, imitation *sale jusqu'au dégoût*, voilà encore un homme qui a été à l'école du cuistre Félibien. Il est étonnant que la recherche de la réalité amène aux artistes de ces injures; mais je ne comprends pas que M. Gault de St-Germain se démente lui-même en ajoutant que les plus célèbres cabinets de l'Europe contiennent de ces peintures *ignobles*, d'un *excellent coloris* et d'une *grande valeur* dans le commerce.

Dans le « Monument des arts du dessin chez les peuples tant anciens que modernes, recueillis par le baron Vivant Denon, décrits et expliqués par Amaury-Duval, membre de l'Institut, Paris 1829, tome 4e », on trouve une opinion un peu plus sérieuse :

« On compte trois frères du nom de Le Nain (Louis, Mathieu et Antoine), qui ont vécu à la même époque, et qui, comme peintres, ont joui d'une réputation à peu près égale. Ce ne furent point des peintres de premier rang ; mais comme ils ne prenaient pour sujets de leurs compositions que des scènes familières, leurs tableaux plaisaient à la multitude. André Félibien, dans ses *Entretiens sur les peintres*, ne sait trop s'il doit approuver le genre auquel s'étaient adonnés les frères Le Nain.

» Telle était, en effet, sous le règne de Louis XIV, l'opinion des *personnes* qui se croyaient *connaissantes*; et si elle eût été générale, si l'Europe l'eût adoptée, les Écoles flamande et hollandaise auraient perdu toute espèce d'estime et de considération. Heureusement il n'en fut rien. La proscription prononcée contre ces Écoles par Louis XIV ne fut entendue que de sa cour. Les vrais connaisseurs continuèrent à aimer et rechercher les compositions dans lesquelles un rôle était réservé au peuple, même aux plus viles classes de la société, lorsqu'elles étaient exécutées avec talent et naturel, et les peintres de ce genre peuvent dire avec Virgile :

« *Pollio amat nostram, quamvis est rustica, musam.* »

Rien de plus juste, si M. Amaury-Duval, oubliant ce qu'il venait de dire, n'ajoutait pour terminer :

« Il faut l'avouer, ce n'est pas à ce genre simple, *bas* si l'on veut, que les Français se sont adonnés de préférence, ni avec le plus de succès. Les frères Le Nain, pas plus que les peintres qui leur ont succédé, n'ont jamais rivalisé avec les Flamands et les Hollandais. » Grosse erreur d'un homme qui n'avait pas vu sans doute les toiles importantes des Le Nain, car tout le monde est d'accord que le *Corps-de-garde*, appartenant à M. de Pastoret, vaut les meilleurs tableaux des Flamands.

Faut-il citer la conclusion de M. Siret, dans son *Dictionnaire historique des peintres ?* (Bruxelles, 1848). Il dit que les Le Nain « *excellaient* dans le *mauvais genre* qu'ils avaient adopté. » Cette citation seule lui servira de châtiment :

Florent-le-Comte, dans son cabinet des singularités d'architecture, peinture, sculpture et gravure (Bruxelles, 1702), n'en dit pas plus que M. Siret; mais il le dit plus juste :

« Louis et Mathieu Le Nain frères étaient de Laon ; ils peignoient des histoires et des paysages ; mais leurs plus ordinaires sujets étoient des tabagies, à quoi ils réussissoient parfaitement. »

M. Léon Godard, à propos des *Buveurs* de M. Lacaze, disait dans *les Beaux-Arts :* — « Nous voudrions que devant le tableau d'un *réaliste* du XVIIe siècle, on amenât les réalistes du XIXe, et qu'on leur dît : « Regardez et réfléchissez. Ce peintre, vous le comptez parmi les vôtres, n'est-ce pas ? Il ne s'inquiète ni des règles, ni de l'art classique. Il a vu la nature, il l'a sentie et comprise ; il l'a rendue telle qu'il la voyait, sans préoccupation de laideur ou de beauté, mais non sans une certaine recherche, à sa façon, de l'idéal que doit poursuivre tout artiste, quel qu'il soit. Il voyait, il peignait ; mais il peignait ce qu'il voyait et n'allait pas de parti pris choisir des modèles dans la vérité laide à l'exclusion de toute autre, ce qui paraît être votre préoccupation constante. Celui-là était un peintre de bonne foi ; aussi nous émeut-il là où vous nous faites sourire ; aussi l'admirons-nous quand nous ne pouvons que regretter le déplorable emploi que vous faites d'un talent vrai. »

M. Léon Godard est pénétré des meilleures intentions ; mais il parle en jeune homme. On lui a appris à admirer Le Nain, il l'admire tranquillement aujourd'hui ; mais il y a trente ans, Le Nain ne jouissait pas de ces admirations. J'ai cité dans les premiers chapitres le cas que les critiques de son temps en faisaient. *Basse, ignoble, vile*, telles étaient les épithètes qu'on accolait à son œuvre ; certainement ce n'est pas M. Léon Godard qui a entrepris de faire revenir la postérité sur ces jugements méprisants. Je souhaite à M. Léon Godard de vivre seulement une trentaine d'années encore, il verra ce que sont devenus la plupart des tableaux modernes et la place qu'occupera le « réalisme. » M. Léon Godard accable les réalistes de phrases toutes faites qui n'ont guères été imprimées plus de trois cent fois. «Il regrette le déplorable emploi que les réalistes font d'un talent vrai. » A-t-il été regretté assez souvent, ce déplorable emploi d'un *talent vrai !*

Un homme a eu le bonheur de retrouver enfin des matériaux définitifs pour la biographie des frères Le Nain.

« Louis et Antoine n'avaient qu'un atelier, qu'une bourse, qu'une table et qu'un lit, qu'un esprit pour deux mains, et qu'un cœur pour deux pinceaux. »

Ils couraient les chaumières du Cambrésis, dessinant les mendiants, les laboureurs, les rouliers. Antoine Le Nain tombe gravement malade. Il est recueilli dans la cabane d'un forgeron-maréchal, un pauvre homme qui s'appelait Herbelot. La famille montra tant de soins que le malade guérit, et pour prouver sa reconnaissance envers ces braves gens, il fit leur portrait à tous dans un seul tableau, le forgeron à sa forge, sa femme, son père, ses enfants.

Louis ébaucha d'abord le forgeron et sa femme. Puis Antoine, *ranimé par l'émulation*, dessina le grand-père. Avant de partir, Antoine servit de parrain et donna son nom à un nouveau-né du forgeron. (Voilà donc enfin quelques renseignements.)

Vingt-cinq ans après, le filleul de Le Nain, Antoine Herbelot, qui était soldat du roi, tomba au pouvoir de *forbans* algériens qui comprirent l'importance d'un fils de forgeron du Cambrésis, et qui vont l'attacher, *suivant leur usage*, à la gueule d'un canon, s'il ne donne une rançon de 6,000 livres.

Voilà toute la famille du forgeron désolée. 6,000 francs ne se trouvent pas sous le fer d'un cheval ! Mais Louise Dauchet, la fiancée d'Antoine le soldat, a remarqué dernièrement chez M. D'Amiron, ancien intendant du prince de Conti, une toile signée *Louis et Antoine Le Nain* « dans laquelle certaines figures rappelaient celles de la famille Herbelot. »

Elle se doute que ces peintres sont ceux « dont le souvenir est toujours précieux à la forge. » M. D'Amiron passe pour un grand connaisseur en peinture ; elle lui parle d'un tableau d'un grand prix, des mêmes maîtres, qui est dans le village, chez le forgeron ; le châtelain (car l'ex-intendant a un *castel*) se rend chez les Herbelot, se fait raconter l'histoire, achète le tableau 8,000 livres ; le soldat reçoit la rançon, on le détache de la gueule du canon, il épouse sa fiancée Louise Dauchet, et les Le Nain quittent Paris pour venir à la noce.

« Vous jugez si nos artistes furent les rois du festin et de la danse. »

« Ne croyez pas, lecteur, que ceci soit un conte. *Qui pourrait en inventer d'aussi touchant !* C'est la véritable histoire bien connue dans le Cambresis du beau tableau du *Forgeron*. »

Dès les premières lignes, j'ai cru réellement que l'écrivain Pitre-Chevalier avait puisé ses renseignements aux sources historiques ; je m'aperçois à la fin de son article *(Musée des Familles*, avril 1850), qu'il continue sur les peintres les mensonges qu'avait organisés, pour la plus grande satisfaction du public, M. Henry Berthoud. Ces effrontés inventeurs de légendes *touchantes*, de sottes historiettes à propos des peintres, ne s'inquiètent guères de la réalité. Il faudrait chercher, voir, lire. Quelle besogne ! M. Pitre-Chevalier prend la plume, laisse courir son *imagination*, invente la niaiserie ci-dessus, se couche tranquille et dort en paix jusqu'au jour où la voix publique, faisant justice de ce coupable emploi de la plume, se venge en retournant son nom. Il devient dans l'avenir le Chevalier Pitre.

Je croyais avoir sauvé les Le Nain d'être enfouis dans une telle épicerie en inscrivant jadis en tête de ma première notice ;

« Les temps sont venus où une école de vérité qui ne craint ni la sécheresse, ni le détail patient, doit prendre la place des biographes sans conviction et des biographes *littéraires* qui *pittoresquent* l'homme dont ils ont à parler.

» Ainsi, pour nous, celui qui découvre, après plusieurs années, que Le Nain est né en telle année et mort en telle autre, est un écrivain bien autrement important que celui qui va faire un roman sur la *Forge* de nos célèbres compatriotes. »

Au Chevalier Pitre, je préfère l'opinion d'un maréchal-ferrant qui fut choisi (singulière idée!) par les éditeurs du *Musée Français* (1 vol. gr. in-8°, 1805), pour rédiger la notice sur la *Forge* de Le Nain. Au moins le maréchal-ferrant, qui s'appelait Croze-Magnant, savait ce dont il parlait :

« Le maréchal est celui qui ferre les chevaux et les autres bêtes de somme, et qui les traite dans les maladies et accidents qui peuvent leur survenir. On peut donc considérer un homme de cette profession sous deux rapports : comme praticien, lorsqu'il exerce l'art vétérinaire, et comme ouvrier, lorsqu'il manipule le fer à la forge. C'est sous ce dernier aspect que Le Nain a représenté le maréchal dans sa boutique. (Suit une description du tableau.)

» Toutes ces figures sont assez artistement arrangées et posées naturellement ; mais l'action générale n'est pas déterminée : les regards sont indécis et insignifiants, ils manquent tous d'expression ; la tête seule du maréchal désigne l'action d'un homme distrait au moment de son occupation, pour écouter ce qu'on dit autour de lui. On trouve de plus dans les détails de cette composition un nombre considérable de fautes contre la perspective. L'âtre et le manteau de la cheminée pêchent par la direction des lignes ; l'enclume porte à faux sur son billot, etc. Le principal mérite de l'ouvrage consiste dans la manière dont il est éclairé, et dans l'adresse avec laquelle le peintre a distribué sa lumière qui porte principalement sur la tête de tous ses personnages. Le clair-obscur est assez bien entendu et la touche est agréable et ferme. Au total, ce joli tableau fait regretter que son auteur n'en ait pas peint beaucoup de ce genre ; on ignore même auquel des frères Le Nain on en est redevable.

» L'usage de ferrer les bêtes de somme est sans doute fort ancien ; mais on ne peut affirmer à quelle époque il a commencé. Quelques savants ont prétendu qu'il en est question dans Homère. »

(Suit toute une page de dissertation sur les fers à cheval chez les Grecs, les Romains et les Gaulois, et la citation obligée de deux vers latins de Catulle.) Enfin, l'article se termine par cette phrase :

« La forme des fers à cheval et des clous qui les attachent varie suivant les pays, la nature du sol et l'époque des saisons, et cette connaissance demande une étude particulière qui fait partie de l'art vétérinaire !!! »

M. Eudore Soulié est un de ceux sur lesquels je m'appuierai pour faire oublier toute cette littérature de maréchaux-ferrants, de Belges et de Pitres :

« Naïveté, simplicité, étude constante de la nature et de la vérité, tels sont les signes par lesquels se distinguent les tableaux sortis de leur atelier; ce caractère de l'œuvre des Le Nain est encore remarquable en ce qu'il se retrouve dans les genres les plus divers : tableaux d'histoire, portraits, scènes d'intérieur ou de la vie champêtre, paysages, tous ont un air de parenté irrécusable, tous offrent la même simplicité d'exécution, la même entente du clair-obscur, la même observation des détails, la même imitation de la nature poussée jusqu'à l'exactitude la plus scrupuleuse. » (*Magasin pittoresque*, mai 1850.)

Mais je dois terminer en citant M. Charles Blanc qui, dans sa vive compréhension des différents maîtres et des différentes écoles, a caractérisé avec une si grande justesse l'œuvre des Le Nain, qu'il faudrait citer sa notice tout entière :

« Le Nain (Louis ou Mathieu), est un véritable peintre français, un Français de pur sang. Contemporain de Callot, de Valentin, de Poussin et de Claude, il n'a pas, comme eux, voyagé en Italie. Aucun élément étranger n'est venu tempérer sa rudesse gauloise. S'il est vrai que le maître des trois frères ne fut pas Français, il est certain du-moins qu'il ne *maniéra* point ses élèves, et ne leur apprit que deux choses : bien voir et bien peindre. Aussi reconnaît-on un Le Nain à ceci : qu'il est à la fois plein de vérité et de caractère. Je veux dire que ce n'est pas seulement une vérité naïve, une fidèle traduction de la nature, mais une vérité puissante, mâle et sérieuse dans laquelle apparaît l'involontaire interprétation du maître. Un fonds d'honnêteté et de modestie se fait voir dans l'œuvre de ces dignes peintres; leurs modèles sont des pauvres; les personnages qui se meuvent sur leurs toiles, ou plutôt qui s'y reposent, sont des hommes du peuple, des artisans, des laboureurs, des mendiants aussi, non pas de ceux qui gémissent en demandant l'aumône, mais de ceux à qui on voudrait la faire sans qu'ils la demandent. »

Pour conclure, M. Charles Blanc ajoute cette excellente appréciation :

« Les Le Nain ont fait de la prose, mais une prose ferme, franche et claire. Ils ont représenté le peuple dans sa robuste allure, sans l'embellir, sans l'enlaidir non plus, en lui laissant tout son caractère, peut-être même en y ajoutant une certaine dignité calme. Si je ne me trompe, les paysans de Le Nain, ses forgerons, ses travailleurs, ses pauvres, nous les trouverons cent ans plus tard, parvenus à une honnête aisance, vêtus en bourgeois et raffinés, dans les tableaux de Jean-Baptiste-Siméon Chardin. »

XIII.

GRAVURES D'APRÈS LE NAIN.

Je ne puis mieux faire que de reprendre le chapitre que j'avais consacré à l'œuvre gravé d'après les Le Nain dans ma première brochure; mais depuis cette époque j'ai fait quelques trouvailles assez importantes qui trouveront place dans un autre chapitre.

Le Nain n'a pas été gravé de son vivant. Rien ne l'indique. J'imagine qu'il doit exister quelque part, peut-être dans un livre, un portrait de Cinq-Mars ou de Mazarin gravé du temps de Louis XIII, d'après les portraits de Le Nain. Le hasard seul pourra le découvrir. Mais je m'explique qu'un siècle se passe sans que le burin s'occupe des tableaux domestiques de notre peintre. Les grandes machines de Le Brun, les portraits pompeux de Largillière et de Rigaud ont occupé assez longtemps les graveurs; bientôt viennent les sujets galants de Watteau et de Boucher qui emplirent les boudoirs. Que pouvaient devenir les paysans de Le Nain au milieu de tous ces courtisans habillés de soie, couchés sur des gazons d'opéra comique?

Mais à l'écart se tenaient de grands esprits qui allaient

remuer le monde. L'influence des encyclopédistes sur Chardin, Greuze, Jeaurat et autres, fut immense. Le *drame bourgeois* trouva des échos partout, dans la peinture, dans la danse même. Qu'on lise les conseils de Diderot à Greuze! Il n'est pas jusqu'à un maître de ballets lui-même, le sieur Noverre, qui ne soit enthousiaste de ces idées.

Il arriva que la peinture domestique eut ses graveurs particuliers. Le Nain, qui touchait par ses sujets à la peinture familière, fut gravé ainsi pour la première fois. Jean Daullé, graveur du roi, membre de son académie royale de peinture et sculpture, membre de l'académie impériale d'Augsbourg, qui mourut en 1763, publia quatre gravures d'après Le Nain : la Surprise du Vin; les tendres Adieux de la Laitière; la Fête bachique; l'Ecole champêtre.

La Surprise du Vin, (haut de 2 pieds 8 pouces, large de 3 pieds 6 pouces.) A l'ombre d'une montagne qui forme une espèce de grotte habitable, une femme s'est endormie, appuyée sur une grande tonne. Elle aura passé la matinée à récurer ses chaudrons, ses plats, ses bassines de cuivre, car tout est pêle-mêle auprès d'un réchaud; mais la besogne l'a fatiguée et elle a bu un coup pour se désaltérer. Elle tient même encore, quoiqu'elle dorme, un verre à la main. Par malice, un garçon du village s'est emparé de la grosse bouteille en osier où il reste encore quelques larmes; tout souriant d'avoir réussi, il offre la bouteille à un vieillard prudent qui, avant de goûter au vin, s'approche de la paysanne et la regarde avec attention pour s'assurer que son sommeil est réel.

Cette gravure est une de celles qui prouve le mieux que Le Nain avait visité les Flandres. Le jeune homme qui dérobe le vin est chaussé de bottes molles en forme d'entonnoir ; et il ressemble aux pages hardis qu'on rencontre dans chaque toile des Terburg, des Miéris et des Metzu.

L'Ecole champêtre. Il s'agit d'un petit paysan à qui une bonne femme, assise sur un cuvier, apprend ses lettres dans un livre. Dans un coin, une enfant de douze ans montre à lire à un galopin de son âge. Une autre fille qui ne se soucie pas de lectures, s'avance au-devant du tableau, plie un peu les genoux, relève prudemment ses jupons et se livre à un acte que les flamands avaient mis à la mode dans leurs tableaux.

Les tendres Adieux de la Laitière. La laitière va partir pour le marché. Son panier est plein d'œufs ; et elle n'a pas oublié la bouteille pour boire un coup en route. Elle vient d'enfourcher l'âne qui se regimbe sous les coups de baguette d'un jeune gars déguenillé. On dirait qu'elle va faire un voyage de cent lieues, car son mari accourt en lui tendant les bras. La laitière se renverse un peu sur l'âne, tend la joue. C'est l'embrassade du départ. Une grosse amie de la laitière fera la route à pied, derrière l'âne.

La Fête bachique. Un jeune garçon est assis sur un bouc que conduit une enfant. La mère dépose une couronne de pampres sur la tête du garçon. Au premier plan, un grand et solide paysan dresse en l'air une cruche vide de vin et salue par ses cris le petit triomphateur.

Presque tous les personnages de cette composition sont vêtus de haillons. Aussi le petit garçon sur le bouc, avec sa chemise déguenillée, a-t-il l'air d'un *pouilleux* de Murillo. La robe de la mère est déchirée; la veste du paysan assis n'est pas en meilleur état, et au fond du tableau un autre garçon qui grimpe à un arbre, ne remettra pas à neuf les genoux de ses culottes. Le *déguenillé* de ce tableau m'a fort étonné, car il n'entre pas d'ordinaire dans le pinceau honnête et réservé de Le Nain (1).

Ces quatre belles gravures ont été gravées par Daullé d'après quatre tableaux de Le Nain, du cabinet de M. Dammery, officier aux gardes françaises.

La *Villageoise à la fontaine*, gravée par Levasseur, figures et paysage. Il y a dans cette estampe une grande et robuste femme qui puise de l'eau et que ne désavouerait pas Rubens.

Le *Villageois satisfait*, seconde estampe qui sert de pendant et n'a pas la même valeur. La faute en est sans doute au graveur. Une grosse flamande est assise sur l'herbe près de son enfant emmailloté; à côté d'elle un paysan tenant une espèce de mandoline, conduit un âne.

Ces deux estampes, qui datent à peu près de 1820, n'ont pas de valeur et ne rappellent en rien les types de Le Nain. La *Villageoise* pourrait être un tableau de Berghem avec des figures de Karel Dujardin; le *Villageois satisfait* (titre niais inventé par un marchand), semble une figure de Teniers

---

(1) Ceci est une légèreté. Il est rare au contraire qu'on ne remarque quelques guenilles dans l'œuvre des Le Nain. (Note de 1862.)

découpée et placée au milieu de personnages traités d'une autre manière.

J'ai hâte de parler de la meilleure gravure d'après Le Nain, *Le Benedicite flamand*, gravé par Elisabeth Cousinet A Paris, chez Dennel, graveur. Au bas de l'estampe sont inscrits ces vers :

> « Pour ce repas frugal plein de reconnaissance,
> » Ces pauvres Villageois, Céleste Providence,
> » Te paient tes présents par le don de leur cœur;
> » Tandis que de cent mets l'excessive abondance,
> » Et des vins précieux la coupable vapeur,
> » Souvent font oublier le divin Bienfaiteur.
>
> « Par M. MORAINE. »

Je ne prétends pas défendre la poésie de M. Moraine; mais ces vers rendent bien l'aspect d'un tableau de Le Nain. C'est une des rares estampes qui aient été faites d'après ce maître ; elle est pleine d'enseignements. Le titre et les costumes indiquent que Le Nain avait été dans les Flandres. La Belgique n'est pas à une singulière distance de Laon. Le Nain avait pu peindre non loin de son pays. Cependant, quoique dérivant de l'École flamande par la simplicité de ses sujets, par la franchise de sa peinture et sa recherche absolue de la réalité, il s'en sépare brusquement par un tempérament particulier. Le Nain n'a ni la joie, ni la boisson, ni l'amour brutal de Teniers, d'Ostade, de Brauwer. Il a pris quelquefois à Rubens et à son École, ou plutôt il a connu leurs types puissants et robustes; mais il est avant tout de l'École française.

Le Benedicite flamand est d'une tranquillité qui a un charme puissant, malgré les haillons et la pauvreté de ces braves gens.

On a dressé la table en renversant une grande tinette. Trois âges sont en présence : la vieillesse, l'âge mûr et la jeunesse. Un vieillard à barbe blanche, coiffé d'un chapeau à larges bords usés, enveloppé dans un manteau piqué de trous comme une écumoire, est à table près de la grande cheminée.

Au milieu de la table improvisée faite sur le cul de la tinette, la ménagère, armée de son fuseau, attend pour toucher au plat que le vieillard ait fini de dire le *Benedicite*. Le petit paysan, qui s'était trop pressé de prendre la cruche au vin et d'en verser un grand verre, le pose sur la cuve. Au fond de la chambre, une petite fille s'est fourrée sous la cheminée et regarde les langues du feu qui courent comme des serpents ; mille détails animent le tableau, l'armoire, les pots, la marmite en vieux fer, les meubles en bois, les plats et la nourriture dessus.

Danse de petits paysans, dont le caractère naïf a été altéré par le graveur Bannerman. Dans une pauvre chaumière, un grand garçon fait danser au son de la musette une bande d'enfants. La mère est dans un coin, grave et réfléchie.

Un père de famille. Il joue du flageolet, entouré de cinq enfants qui l'écoutent avec admiration. Le père, enveloppé d'un grand manteau, a l'air d'un philosophe de l'antiquité. Les têtes des enfants sont charmantes. Gravé par Saint-Maurice.

Le *Voleur pris*. Ce tableau « est au cabinet de M. Damery, chevalier de l'ordre royal militaire de Saint-Louis », indique l'estampe de Elluin. La cage entr'ouverte est vide. Où est l'oiseau ? semblent se demander les enfants éplorés. Dans le ventre du chat, dit un d'eux qui apporte par la peau du cou le coupable matou. Par le fond arrive à pas lents, avec un gros bâton, une petite fille qui va corriger le chat et semble pénétrée de ses graves fonctions de grand justicier.

Il existe trois différentes gravures d'après le *Maréchal et sa famille*. La plus grande signée : « *Fragonard, fils del. Levasseur » incepit, Claessens terminavit,* » est médiocre. La gravure qui fait partie de la collection Choiseul, est faite avec un grand soin. On devra la rechercher précieusement. Je ne parlerai pas de diverses gravures sur bois, d'après le même sujet, publiées dans différents recueils populaires.

Je ne m'explique pas cette insistance à perpétuellement graver et regraver la même œuvre. Ne serait-il pas plus important de faire connaître certains tableaux de Le Nain qui sont dans des galeries et qui disparaîtront un jour ? (1)

Le *Marchand de cornes* se prendrait plutôt pour un Teniers que pour un Le Nain. C'est un paysan portant corne à son chapeau, corne à la main, corne à la boutonnière, cornes dans un panier, cornes à vendre, cornes au cou ; Rabelais ajouterait : cornes au cul. Au bas de l'estampe on lit ces vers :

» *Le Marchand aux Maris :*

» Approchez donc, venez choisir,
» Messieurs, dans la boutique entière,

(1) Depuis la publication de cette notice (1850), différents recueils consacrés aux arts, ont donné une idée plus nouvelle de Le Nain, et il faut citer surtout l'*Histoire des peintres* de M. Charles Blanc, le *Magasin pittoresque* et la *Gazette des Beaux-Arts*.

« Et du moins j'aurai le plaisir
» De porter l'eau à la rivière.

« *Les Maris au Marchand :*
« Cet objet ne peut nous tenter ;
» Bonhomme, c'est trop tard t'y prendre.
» Hélas ! bien loin d'en acheter,
» Nous en avons tous à revendre. »

Au bas de l'estampe, gravée par Hubert, dans un médaillon, un petit amour coiffé d'un chaperon à cornes, le carquois sur l'épaule, portant un panier de cornes, soulève un rideau du lit qui laisse apercevoir quatre pieds entrelacés, qui expliquent cette fabrique de cornes. Si je ne me trompe, le médaillon est de l'invention du graveur ; du moins il est dans les habitudes du xviiie siècle.

Jusqu'alors, malgré mes recherches de cinq ans, je n'ai pu découvrir aucune gravure d'après le portrait de Mazarin, de Le Nain.

Au contraire, *Cinq Mars* a été publié deux fois, par deux libraires, éditeurs des galeries historiques de Versailles.

On voit au cabinet des estampes une gravure sans titre, épreuve commencée au burin et non achevée. Le nom de Le Nain est au crayon. Une femme donne à têter à son enfant ; le père fait chauffer le linge pour le changer. Un vieillard dort dans un fauteuil sous la vaste cheminée.

Vive le roi, lithographié en 1846 par Schultze. Deux petits paysans jouent aux cartes ; l'un a son tricorne fortement appuyé sur les yeux et apporte une grande attention au jeu ; le second se retourne vers le public et indique du doigt une *quinte majeure à pique.* Ce tableau n'est pas de Le Nain, malgré l'attribution du lithographe. Par la finesse des physionomies, la sobriété des détails, il fait penser aux sujets de Chardin, le *joueur de toton*, par exemple ; mais le fini commercial du lithographe allemand n'a réussi qu'à donner un pendant aux tableaux bourgeois de M. Hornung.

XIV.

SUITE DES GRAVURES D'APRÈS LE NAIN.

La race allemande offre le singulier caractère de positivisme et d'idéalisme Quand certains Allemands dissertent sur les arts, on risque de se perdre avec eux dans le bleu, et il est impossible de les suivre dans ces régions où l'air manquant, le style prend lui-même une forme diaphane, et insaisissable. Les mots eux-mêmes subissent cette influence, ce sont des mots si *célestes*, que les gens terrestres ne les peuvent comprendre.

A côté de ces singuliers esthéticiens nuageux devait se produire naturellement une école adverse, celle du *Fait*; c'est ce qui arrive toujours. Les statisticiens, les catalogueurs, les biographes positifs, firent réaction, et l'on doit aux Allemands de précieux dictionnaires de *faits* qui n'ont point encore été dépassés.

Le *Dictionnaire universel des artistes* de Nagler est certainement le meilleur dictionnaire artistique qui existe. Je n'avais pas connaissance de son existence lors de ma première brochure; aussi citerai-je l'article court, mais étudié, qui a rapport aux Le Nain:

« *Le Nain*, *Louis* et *Mathieu*, ce dernier appelé aussi *Antoine*, peintres et frères de Laon, dont le premier naquit en 1583. On ignore comment ils se sont formés; cependant on sait qu'ils jouissaient d'une assez grande réputation à cause de leurs ouvrages. Ils peignaient des portraits, quelques tableaux d'histoire et des sujets de genre ; c'est dans ces derniers qu'ils réussissaient le mieux. Leurs tableaux ont moins de mérite sous le rapport du dessin que sous celui de la couleur; cependant, ils sont recherchés. On les confond souvent entre eux. Au musée de Paris, l'on voit d'eux la *Procession dans l'intérieur d'une église*, et *un Forgeron dans l'intérieur de sa forge*. La galerie royale de Schleissheim (près Munich), possède un tableau représentant *un Peintre occupé à peindre le portrait d'une femme assise devant lui*. A la vente de la collection du prince de Conti (Paris, 1777), un tableau de ces deux artistes fut vendu 2,460 liv. Ces artistes moururent tous les deux en 1648.

« Quelques-uns de leurs ouvrages ont été gravés par J. P. Le Bas; *la Fiancée normande*, avec une dédicace en hollandais et en français; par J. Daullé : *les tendres Adieux de la Laitière*, *l'Ecole champêtre*, *la Surprise du vin*, et une *Bacchanale*; par J. Mitchel : *Proedium hollandicum*; par Bonnermans : *une Danse d'enfants*; par Earlom : *The dancing family* (la Famille qui danse); par St-Maurice : *un Homme qui joue de la flûte en présence de six enfants*; par F. Pedro : *une Assemblée*; par F. Straem : *la Femme flamande*; par Claessens et Le Vasseur : *le Maréchal* (tableau du musée de Paris); par un anonyme : *deux Garçons et une petite fille occupés à jouer aux cartes*. »

Ainsi, dans ce court résumé, Nagler, à force de recherches, citait cinq estampes qui m'étaient inconnues.

Proedium hollandicum, par J. Mitchel.
The dancing Family, par R. Earlom.
Une Assemblée, par F. Pedro.
La femme flamande, par R. Straem.
Deux garçons et une petite fille jouant aux cartes, par un anonyme.

J'ai été assez heureux depuis pour découvrir l'indication de quelques estampes dont Nagler n'a pas parlé :

Scène italienne, petite lithographie dans le catalogue de lord Grosvenor, d'après un tableau de sa galerie. C'est une indication lithographique sans effet, où l'on peut à peine distinguer une femme assise au pied d'une porte en ruine. Sur le premier plan, un enfant et deux paysans en costume italien. Dans le fond, une rivière, montagnes et ville.

Des Bohémiens volant des bureurs. Ce tableau, gravé par Tardieu, figurait dans le riche cabinet du comte de Vence en 1759. Malgré toutes mes recherches dans l'œuvre considérable des Tardieu, il m'a été impossible de retrouver cette gravure dont le sujet me semble tout-à-fait contraire (*des Bohémiens volant des bureurs*) aux sujets domestiques de Le Nain.

Dans le catalogue de la galerie Stafford, on trouve une médiocre petite estampe (planche 50, 2º volume), d'après Le Nain. C'est la reproduction de la gravure de Bannermann ou Bannermans, dont la désignation est plus détaillée dans les « œuvres de la collection de peinture qui est à l'ordre du très-noble marquis de Stafford, par William Young Attby, exécuté sous la direction de Peltro William Tomkins, graveur de sujets d'histoire de Sa Majesté, Londres, 1818. »

« Le Nain. *Le Repas de village*. Rien ne semble être connu touchant la vie de cet artiste dont les ouvrages sont cependant justement estimés ; ses tableaux représentent communément des sujets de la vie ordinaire, et quoiqu'ils soient peints sur une petite échelle, ils possèdent quelquefois, comme dans le sujet dont nous nous occupons, une certaine largeur de style et un parti pris de lumière et d'ombre qui rappellent les peintures de semblables groupes, exécutées par Murillo ou Velasquez.

» Ce tableau est peint sur cuivre et porte 10 pouces 1/4 de longueur sur 1 pied 2 pouces de largeur. »

M. Eudore Soulié, qui m'a donné quelques notes sur les Le Nain, a ajouté au bas de cette description du tableau : « C'est la gravure de J. Mitchel retournée. » N'ayant jamais vu cette estampe, je copie cette note sans trop m'en rendre compte. Veut-il parler du *Prædium hollandicum*, gravure assez rare dont je vais donner la description tirée d'un livre anglais :

« Le Nain pinxit. — J. Mitchel, sculp.

| *Prædium hollandicum* | *The flemish farm.* |
| E tabulà pictà à Le Nain quam possidet Rob Strange. | From the paintaing of Le Nain in the possession of R. Strange. |

» Published Oct. 2. 1775, by John Roydell. »

» A gauche, une vieille femme assise sur un pli de terrain tient sur ses genoux un panier de fruits que tient aussi une petite fille debout devant elle. Derrière elle, un jeune garçon debout, appuyé sur un bâton. — Bonnet pointu. — Posant. — De l'autre côté, une petite fille debout près du bassin d'une fontaine, tient une écuelle. Une vache, dont on ne voit que la tête, une chèvre, un chien couché sur le devant et deux moutons. De l'autre côté du bassin de la fontaine, un jeune garçon reçoit dans son chapeau l'eau qui coule du tuyau placé au-dessus du bassin, et sur lequel un homme, tenant une houlette, porte la main. — A côté de cet homme, un autre barbu coiffé d'un chapeau et d'un manteau s'appuyant sur un bâton. — Derrière lui un âne, et derrière l'âne une femme portant sur sa tête un grand vase à lait. — Huit figures et six animaux. Au pied de la vieille femme un chou. »

Ces mots « *quam possidet Roblus Strange*, » ou « *in the possession of Robl. Strange*, » ont égaré beaucoup de catalogueurs qui ont indiqué une œuvre de Le Nain comme gravée par Strange, tandis que le tableau seulement faisait partie de sa collection.

Ce *Mitchel* ne serait-il pas le même que le *Michel* dont il est question dans la « Vente d'estampes de M. le comte V... P... 1820. Regnault-Delalande, expt.

« Jean-Baptiste Michel, graveur français, 1740.

» *Ferme flamande*, d'après Le Nain. »

Dans le « Catalogue du baron d'Avelin, rédigé par F. Brullion, 1827, on trouve citée une autre gravure assez rare d'après Le Nain.

« Deux hommes et deux femmes assis autour d'une table, petit in-4°, gravé d'après un dessin sans nom de graveur.

» B. épr. en rouge. »

La vente du « Cabinet de M. Paignon-Dijonval, dessins et estampes. Rédigé par M. Benard. Paris, 1810, in-4°, » offre aussi une rareté :

« Le Nain. — « Deux jeunes garçons et une jeune fille vus à mi-corps et jouant aux cartes ; à l'eau forte, en l. ; sans nom. »

Rien de bien positif sur l'authenticité de ces œuvres, gravées d'après Le Nain, ne ressort de ces indications.

La gravure d'après Le Nain, par William Baillie, qui a pour titre : *Les Orphelins de la paroisse*, grande pièce en manière noire, 1771 et dont l'épreuve avant toute lettre et les noms des artistes est rare, est plus certaine.

On en trouve une bonne description dans le catalogue du « Recueil de pièces par *William Baillie*, amateur anglais, gravées dans la manière de Rembrandt ; autres au pointillé et à l'eau forte d'après divers maîtres. 77 pièces et 1 v. in fol. vendu 152 fr. à la vente Badan, l'an vi de la République.

» Le Nain. — Un jeune garçon assis sur un mur, mangeant un morceau de pain ; à côté de lui une petite fille debout, une main sous son jupon, elle tient aussi un morceau de pain. Elle a l'air un peu sournois, les cheveux mal peignés ainsi que le petit garçon ; le nez de la fille est grossier, les lèvres fortement accusées, mais les yeux allongés sont distingués.

» Le petit garçon coiffé d'un vieux chapeau de feutre troué à larges bords, rit en mangeant son pain.

» Gravure à la manière noire, sans aucune signature ni de peintre ni de graveur dans l'œuvre de William Baillie, Esqr. vers 1774. »

C'est une fort belle estampe, très rare.

A catalogue of the pictures at Grosvenon house, London; Woth etchings from the Whole collection. Executed by permission of the noble proprietor, and accompanied by historical notices of the principal Works. — By John Young, engraver in mezzotinto to his majesty and Keeper of the british institution. — London. J. Dowding, 82, Newgate street — 1821. In 4º.

Anti dining room.

Nº 119. — Le Nain. An Italian scene, with figures. — On Convas. 1 ft 9 1/2 in. high. 2 ft in Wide plate 39. Sur le devant un petit garçon jouant du fifre et accompagné d'une petite fille. Près d'eux une espèce de pâtre. Chapeau pointu à larges bords; manteau (tournure de paysan italien). A gauche, une vieille femme isolée assise au pied d'un pan de muraille. Fond de paysage, une ou deux figures dans le fond. La gravure est petite et confuse. Composition disséminée. La vieille femme, le fifre et la petite fille, bien. En effet, caractère italien de J. Miel.

Il faut citer encore, d'après Le Nain, l'*Interiore di una capanna*, gravé par Aug. Testa, dans la galerie de Lucien Bonaparte. C'est l'eau-forte de la Bibliothèque impériale, sans noms de peintre, ni de graveur, qui représente un intérieur de chaumière. Une femme assise dans une espèce de manne, donne le sein à un enfant. Assis près d'une cheminée sont deux hommes dont l'un fait sécher un linge. La chaumière, ornée de divers ustensiles de cuisine, a un caractère flamand.

Les tendres Adieux de la Laitière ont aussi été gravés en Italie, sans titre, avec cette lettre :

> « *Dic, inquit, opemque*
> *Me si ne ferre tibi : non est mea pigra senectus.*
> *Seu furor est, habea qua caramne sanet et herbis.*
> *Sive aliquis nocuit, magico lustrabere ritu* (Ovid. Métam.)

» Nain pinx. Francs Pedro sculp. apud Nic. Cavalli Venetiis. »

Fait pendant à l'*Ecole champêtre*, sans autre titre que les vers d'Horace :

> « *Pudica mulier in partem juvans*
> *Domnum atque dulces liberos,*
> *Sabina qualis, aut perusta solibus*
> *Pernicis uxor appuli.*

« Nain inv. et pinx. Francs Pedro sculp. apud Nic. Cavalli Venet. »

Ces deux gravures sont de la grandeur de celles de Daullé ; elles auront été sans doute copiées en Italie d'après les estampes françaises. Les sujets sont retournés.

Dans le catalogue des estampes du cabinet du baron de Netre, on trouve deux états de la gravure de SAINT-MAURICE, officier aux gardes.

Le Vieillard complaisant, d'après Le Nain ; 2 épr. *Pariset excud. C. P. R.* et *Basset l'aisné*.

J'en ai trouvé un troisième état avec la légende en grec *eutaceis oi autarceis* ; mais ce ne sont que des variantes de marchands d'estampes.

La même vente a amené la découverte d'une eau-forte excessivement rare de la *Forge*, par M. Boissieu, neveu de J. J. de Boissieu. Le neveu a suivi la manière de l'oncle ; si le dessin n'est pas entièrement satisfaisant, l'effet de la fameuse *Forge* du Louvre est mieux rendu que dans les nombreuses gravures d'après le tableau populaire de Le Nain.

Le *Cinq-Mars*, lithographié par Grévedon, fait partie de la collection de la galerie d'Orléans.

Je n'avais pas parlé non plus de *l'Intérieur d'une maison de paysans*, lithographié par Mauzaisse, au tome 4º du *Monument des arts du dessin*, par Denon; cette lithographie, teintée de jaune avec des rehauts de blanc, est traitée simplement et rendrait davantage l'effet monochromique de certaines peintures de Le Nain, si elle était plus âpre. Une femme est assise dans une manne auprès de laquelle est accroupi un gros chat.

Quelques estampes deviennent aussi rares que des tableaux. La plus savante, qui est d'un maître, est certainement *la Fiancée normande*, de Philippe Le Bas. On en connaît des épreuves avant la lettre. La planche, vendue à la vente de la succession Le Bas en 1783, est aujourd'hui d'une excessive rareté. Elle porte pour lettre : « *La Fiancée normande*, par Le Nain, gravée par Le Bas.

» Le Nain pinx. — Op. Gedragen aan den Hoog Edelen, Groot Achtbaare.

» Heere Petrus Albertus Van der Parra,

» Gouverneur général Van Nederlansch Indïe ent, ent, ent.

» Door zyn onder Danigste Dienaar, J.-Ph. Le Bas.

» Dédiée à Son Excellence, Monsieur Van der Parra, gouverneur-général des Indes-Orientales des Provinces-Unies, etc., etc., etc.

» Par son très-humble et très-obéissant serviteur Le Bas.

» A Paris, chez Le Bas, graveur, pensionnaire du roi, conseiller en son académie de peinture, sculpture, etc., rue de la Harpe. »

Trois hommes sont assis autour d'une table dans une ferme : le greffier, qui rédige un acte ; un vieillard déguenillé qui le regarde avec attention ; un jeune homme qui tient dans la main gauche son verre à moitié plein. A côté du jeune homme est assise une grande et belle femme qui file. Derrière le greffier est debout une vieille paysanne.

Sous la table est une bouteille en osier.

Un pot et deux pains sont posés sur un rayon au fond ; à la cheminée est accrochée une broche.

L'homme déguenillé ressemble à tous les vieillards de Le Nain, surtout au type du vieillard assis de *l'Intérieur de forge*. Il porte un chapeau de feutre délabré.

Le jeune homme à longs cheveux bouclés fait penser au portrait de Le Nain, du musée du Puy.

La femme qui file est un de ces types puissants de la Flandre, tels qu'on est accoutumé de les voir dans les tableaux de Jordaens.

Le graveur s'est montré à la hauteur de ce beau tableau comparable aux meilleures œuvres flamandes et qui se trouve actuellement au Musée de Laon.

En y joignant les nouvelles gravures que M. Edouard Houssaye, directeur de la *Gazette des Beaux-Arts*, a fait exécuter, on a aujourd'hui une idée à peu près nette de Le Nain.

Les magasines français, les journaux à deux sous, ont popularisé cette œuvre de nos grands peintres ; M. Charles Blanc en a donné quelques spécimens dans son excellente notice.

Le jour est venu où certainement les graveurs et les lithographes vulgariseront ce maître viril, un des plus grands peintres français.

XV.

CONCLUSION.

Arrivé à la fin de cette Étude, je me demande ce qui a donné l'importance actuelle à l'œuvre des Le Nain, et je ne la trouve que dans la puissance de la réalité. Ils n'ont pas le charme, ils méprisent l'arrangement, ils s'écartent de la plupart des règles, ils sont maladroits dans le ton comme dans la composition. Pourquoi s'inquiète-t-on d'eux aujourd'hui? Pourquoi les cite-t-on en tête des peintres de l'École française? La mode n'y est pour rien. Nous en sommes encore, en peinture, à Louis XV; le xviiie siècle est toujours en hausse, les amateurs couvrent d'or le moindre crayon de Watteau; l'austérité des Le Nain est en sens contraire de ces galantes reproductions.

J'ai dit *l'austérité*, et je tiens à ce mot. Les Le Nain, dans leurs scènes rustiques, ont l'austérité de Poussin dans ses grandes compositions. Elle n'est pas la même, elle part du même principe. Il y a eu à cette époque une race de peintres *croyants*, à la tête desquels je mets Philippe de Champagne. Celui-ci est le peintre des pâleurs du cloître; il en connaît les amertumes et les extases; il a fait passer sur la toile le force et la grandeur de Port-Royal. Celui-là a traité les paysans avec la même religion ; il les a vus aussi pensifs, aussi graves, aussi simples, aussi mélancoliques.

La belle chose qu'un artiste qui a la croyance en son sujet, qui le respecte et qui l'aime ! Mais combien est rare cette croyance ! Tout, dans la nature et dans l'humanité, devient important, et pour celui qui le montre et pour celui qui regarde : un prince et un mendiant, un pape et un ivrogne, un arbre et un buisson, un chien et une goutte d'eau sur une feuille de rose. Par le fait seul qu'il y a eu conviction dans l'esprit de l'artiste, le spectateur en ressent une impression vive et durable.

On peut ne pas goûter la peinture des Le Nain ; et pourtant tout œil a été comme tiré par cette singulière peinture, fût-elle placée à côté d'un chef-d'œuvre de premier ordre.

Ils ont répété à satiété leurs compositions, leurs figures; qu'importe ? Dans chacune de ces scènes rustiques apparaissent les sentiments intimes du peintre, son amour pour la campagne, son affection pour le paysan, le bonheur qu'il éprouve auprès du foyer domestique.

La vie des Le Nain est aussi claire pour moi que si des mémoires particuliers du temps nous l'avaient décrite. Les trois frères étaient d'honnêtes gens, réfléchis et penseurs; après avoir travaillé ensemble, dans un même atelier, au début de leur vie, ils se sont séparés tous les trois, poussés en divers endroits par la fortune. L'un fut jeté à la cour; l'autre alla à Rome, et le troisième, aussitôt qu'il fut maître de son art, quitta Paris pour vivre à la campagne d'où il ne sortit plus. Celui qui fut lancé parmi les grands n'était pas plus courtisan que Holbein. On demandait à son pinceau la représentation des reines et des grands seigneurs ; il les peignait sans les enjoliver plus que son frère ne flattait les paysans. Je suis presque certain que ce fut le peintre en faveur à la cour qui peignit les grandes toiles de piété commandées par les diverses paroisses de Paris ; il en agissait avec la Vierge et les Saints comme avec les grands personnages. Ayant plus étudié le réel que l'idéal, son esprit ne le portait pas à ces visions mystiques des peintres-moines des écoles primitives d'Italie. Pour lui, la Vierge était une femme, une bonne femme, peut-être la sienne, et les anges, ses enfants les lui fournissaient. Un autre frère alla à Rome ; mais l'esprit de terroir était trop profondément ancré en lui pour que la vue des merveilles des musées d'Italie et le soleil de Rome, et les montagnes bleues et les souvenirs de l'antiquité, eussent une vive influence sur lui. On l'appelait le *Romain* ; il resta *picard* et retourna sans doute vivre à la campagne auprès du troisième frère qui, comme les Flamands et quelques paysagistes d'aujourd'hui, ont fui le séjour des villes pour se retremper parmi les esprits naïfs et contempler la nature de plus près. Ils avaient été de l'Académie de peinture à la fondation ; on les vit à une ou deux séances, et ils ne reparurent plus. Les petites intrigues de leurs confrères, les rivalités, les mesquines jalousies les dégoûtèrent de ces assemblées où ils ne se sentaient pas appelés à jouer un rôle. L'Académie n'entendit jamais parler d'eux et ne se soucia pas de faire chercher ces gens naturels.

Le dernier des Le Nain s'était fait paysan ; sa femme aussi était une paysanne, ses enfants de vrais petits paysans, tout ce monde vivant dans une sorte de ferme et portant sous des habits communs la distinction particulière aux gens réfléchis. Le père était une nature grave, aimant cependant à se mêler aux jeux de ses enfants et les divertissant le soir par quelque air naïf de musette. Avec la femme de ce Le Nain était entré le père, un vieillard et sa vieille compagne, deux bonnes gens qui se délassaient de leurs travaux de la campagne par une quiétude et un contentement d'esprit que seule donne une vie bien remplie. Les enfants pleuvaient dans la maison ; la ménagère ne les épargnait pas. C'était une douce créature travailleuse, active, aimant son mari, indulgente pour son petit troupeau sans cesse rôdant dans la cuisine et se roulant au milieu des pots et des vaisselles. L'oncle de Paris envoyait de temps en temps des cadeaux à toute cette famille qui s'éteignit naturellement et dont il reste peut-être des héritiers dans quelque coin de la France. Le Nain peignit, comme Haydn avait fait de la musique, jusqu'à ce que sa main défaillante l'empêchât de toucher à un pinceau.

« *Je ne peux plus continuer, mes forces m'abandonnent,* » dit Haydn interrompant tout-à-coup son dernier quatuor par cette parole qu'il a écrite lui-même au-dessous des dernières notes de la partition. Le Nain aurait pu écrire les mêmes mots sur sa dernière toile. Mais ce n'est pas la parole de l'artiste mélancolique usé avant l'âge. C'est la signature de ces trop rares artistes dont la vie s'est écoulée au sein de la famille et qui abandonnent l'art tranquillement, comme le vieillard de quatre-vingt-dix ans quitte la vie. En ce temps-là, l'esprit s'assoupissait avec le sang, et il a fallu l'époque moderne pour montrer le supplice d'intelligences plus vivaces que le corps, usées dans des combats de chaque jour et s'irritant d'exister encore, alors que les organes se refusaient à les aider. De nos jours, dans les lettres et les arts, la *production* est aiguë et tourmente l'homme comme si l'art était un cilice ; pour certains, la pensée est un poison, et dans beaucoup d'œuvres modernes la critique de l'avenir découvrira sans appareil de nombreuses taches dont il faudra accuser seulement la société. Les artistes d'autrefois produisaient presque comme l'arbre donne des fruits, sans douleur et sans conscience de la production. Un homme naissait peintre ; une fois admis par les maîtrises, il était sacré peintre et exerçait son art tranquillement. Ce ne fut que plus tard que la bourgeoisie devint un tyran difficile à contenter, plus difficile qu'un prince, car au XVIIIe siècle, c'étaient mille princes, vingt mille aujourd'hui. Cette bourgeoisie, peu sûre de son goût, nomma des experts tirés de son sein, toute une race de critiques qui, chaque matin, l'avertissaient d'admirer celui-ci, d'encourager celui-là et surtout de laisser de côté les esprits indépendants qu'eux-mêmes, les critiques experts, ne pouvaient suivre dans leurs hardiesses.

Les Le Nain, heureusement pour eux, ne vécurent pas à notre époque ; comme ils s'inspiraient seulement de la nature, ils eussent passé pour des révolutionnaires. Ils avaient de nombreux défauts ; une seule qualité l'emportait, la naïveté et une individualité pure comme de l'eau de roche

C'eût été le plus grave des crimes, et tous les jours ils eussent été mandés à la barre des gazetiers avec force injures. Ils vécurent plus tranquilles et s'éteignirent à la campagne, laissant de nombreux enfants qui se livrèrent à l'agriculture, honorant le nom de leurs parents et ne se croyant pas voués à l'art pour être les fils et les neveux d'hommes qui tenaient un pinceau.

Voilà ce que je lis dans les tableaux des Le Nain ; j'ai assez recueilli de noms, de dates, et je me suis fait assez catalogueur depuis le commencement de ce volume pour qu'on me pardonne ces sortes d'inductions, familières aujourd'hui, où on veut voir ce qui se cache sous la peinture comme on cherche à lire entre les lignes des écrivains.

Cette méthode offre d'excellents résultats, appliquée avec discrétion ; elle est excellente surtout, appliquée aux personnages curieux de la littérature, des sciences, des arts, de la politique, qui ont fermé leurs portes à la biographie, se sont renfermés toute leur vie dans de nombreux travaux et n'ont pas trouvé de leur vivant des écrivains complaisants. J'ai cru devoir m'en servir pour les Le Nain, ces modestes artistes dont la vie ne peut être expliquée que par l'œuvre. Qu'ils soient trois ou quatre frères, les archivistes le découvriront peut-être un jour. Comment ils travaillaient ? C'est ce qu'il est difficile de démêler. Où ils ont vécu ? où ils sont enterrés ? Je laisse maintenant ces trouvailles à d'autres ; mais ce qui ne sera jamais démenti, c'est qu'ils étaient pleins de compassion pour les pauvres, qu'ils aimaient mieux les peindre que les puissants, qu'ils avaient pour les champs et les campagnards les aspirations de La Bruyère, qu'ils croyaient en leur art, qu'ils l'ont pratiqué avec conviction, qu'ils n'ont pas craint la *bassesse* du sujet, qu'ils ont trouvé l'homme en guenilles plus intéressant que les gens de cour avec leurs broderies, qu'ils ont obéi au sentiment intérieur qui les poussait, qu'ils ont fui l'enseignement académique pour mieux faire passer sur la toile leurs sensations ; enfin parce qu'ils ont été simples et naturels, après deux siècles ils sont restés et seront toujours trois grands peintres, les frères Le Nain.

NOTES.

Catalogue de l'œuvre des Le Nain.

Malgré l'apparence d'aridité de ces catalogues, j'aurais voulu en remplir un volume. Ces descriptions de commissaires-priseurs, d'experts, de brocanteurs, sont pleines de charmes. Elles sont exactes. Ne s'occupant pas de littérature, mais de faits, ces notes me font voir les tableaux disparus des Le Nain, comme je vois l'accusé quand je lis la *Gazette des Tribunaux*. N'est-il pas important de suivre les hausses et les baisses de prix ? Avant la Révolution de 1780, les Le Nain se tiennent de 1,000 à 1,100 fr. ; sous le Directoire, ils montent à un prix qu'ils atteindront par la suite 2,300. La Restauration ne semble pas favorable à Le Nain, estimé seulement 53 fr. 50 c. Certainement il est malheureux qu'on ne sache pas où passent ces toiles ; mais qu'importe ? Les bons tableaux ne se perdent pas. On verra déjà par le présent catalogue les toiles les plus importantes de Le Nain, celles que le temps a consacrées, passer et repasser dans diverses ventes et se fixer enfin, comme la *Forge* et le *Corps de garde*, dans des Musées nationaux ou dans d'importantes galeries particulières qui les sauvent à jamais de l'oubli.

J'ai conservé à dessein la rédaction des experts malgré leurs ignorances, leur langue d'Auvergnat et leurs attributions bizarres qui les font ranger quelquefois les Le Nain dans l'*École des Pays-Bas*, diviser les Le Nain en *père* et *fils*, inventer un nouveau peintre *Jean* Le Nain, décrire avec assurance l'atelier du peintre, *peint par lui-même*, et donner mille autres faux détails devant lesquels la plume des rédacteurs de catalogues ne bronche jamais ; mais il n'en restera pas moins dans l'esprit du curieux qui voudra bien lire cette nomenclature des ventes avec la patience que l'auteur de la présente notice a mise à la dresser, une idée plus nette des sujets de Le Nain que la discussion esthétique ne pouvait en donner. Un jour viendra où les catalogues seront rédigés avec plus de connaissance des maîtres ; mais je devais profiter des renseignements enfouis dans les collections de catalogues de la Bibliothèque de l'Arsenal, du Cabinet des estampes de la Bibliothèque impériale et des extraits que m'ont communiqués divers amateurs.

Il aurait été important de donner les prix de vente de chacun de ces tableaux ; j'ai indiqué ceux que j'ai pu trouver, m'attachant à donner la grandeur des toiles, qui est un moyen de contrôle et de vérification pour les recherches futures.

TABLEAUX DES LE NAIN.

PASSÉS EN VENTE PUBLIQUE DE 1753 A 1853.

1°

Scènes domestiques, intérieurs de ferme, corps de garde, etc.

Catalogue du cabinet de M. Crozat, baron de Thiers. — Paris, 1755.

Une *École d'enfants*, par les frères Le Nain.

Hauteur, 1 pied 10 po.; largeur, 2 pieds 3 po. Toile.

Vente du cabinet du comte de Vence, en 1759.

« Dans la chambre à coucher, » dit le rédacteur du catalogue, « un tableau du *Nain*, représentant des Bohémiennes qui volent des buveurs, gravé par Tardieu. »

Vente de De Troy, directeur de l'Académie de Rome, le 9 avril 1764. Catal. rédigé par Pierre Remy.

Ant. Le Nain (école des Pays-Bas) (1). — Quatre jeunes garçons jouant à la porte de leur maison, l'un d'eux tient une cage posée sur le fond d'un tonneau; un chat est à côté. Ce tableau est sur toile; Elluin en a gravé l'estampe qui a pour titre : *Le Voleur puni*.

Hauteur 20 po. larg 15 po. — Vendu 150 fr.

Catalogue du cabinet de Mgr le duc de Choiseul, par J.-F. Boileau. Paris, 1772.

Le Nain. — Ce tableau représente une famille à table; la mère paraît gronder un de ses enfants; une servante apporte un plat, et derrière la compagnie se voit un valet qui tient une bouteille. La lumière qui frappe sur la table éclaire tout le sujet et y fait un très-bel effet.

Il porte 3 pi. 8 po. de large sur 2 pi. 6 po. de haut. T.

Acquis 2,300 fr. par Menageot. Vendu à la vente du prince de Conti, 1010 fr. à Lebrun, en 1777.

Autre tableau représentant un maréchal et sa forge; derrière lui sa

---

(1) L'expert Pierre Remy a souvent classé à tort Le Nain parmi les peintres des Pays-Bas.

femme et un enfant ; sur le devant un homme assis tenant une bouteile d'une main et de l'autre un verre ; au côté droit on voit deux enfants debout, dont un tire le soufflet ; au milieu se voit une enclume : le tout est éclairé par la lumière du feu, qui produit un effet étonnant. La belle touche de ce tableau et la naïveté de toutes les figures a toujours plu aux amateurs.

Il porte 22 po. de large sur 25 de haut T.

Acquis 1008 fr. par Boileau. Vendu 2,460 fr. à la vente Conti, où il est acheté par Paillet.

Vente 1773, 23 décembre. Pierre Remy.

Le Nain (éc. holland.). — Une femme qui fait boire sa vache proche d'un puits ; trois autres figures et différents animaux ornent ce tableau qui est du bon temps de ce maitre.

Haut., 11 po.; larg. 15.

Vente des tableaux de M. de B..., à la salle des RR. PP. Augustins du Grand-Couvent, le 3 avril 1775. Catal. rédigé par Pierre Remy.

Le Nain père (école des Pays-Bas). — Trois hommes portant des cheveux, tête découverte; l'un pince de la guitare, l'autre joue du violon de poche, et le troisième tient un cahier de musique ; ils sont proches d'une table sur laquelle on voit un chandelier, un pot, un livre de musique, un gobelet et une pipe. Ces figures sont d'un caractère expressif, le coloris est de la plus grande vigueur et la touche admirable. Ce tableau est sur bois.

Haut., 9 po.; larg., 12 po. 8 lign.

Vendu 1,300 fr.

Au numéro 84 du catalogue des tableaux de Randon de Boisset, en 1777, receveur général des finances, on retrouve le même tableau. Il est vendu 1,401 fr.

Vente, 17 mai 1775. Galerie du marquis de Lassay. Grande galerie du palais des Tuileries. Catal. par Joullain.

Le Nain. — Un paysage où l'on voit sur le devant une femme assise à la porte d'une chaumière ; elle est occupée à filer, et accompagnée de deux enfants et d'un chien : à côté d'elle un jeune garçon lie un fagot qu'un paysan se prépare à mettre sur un âne ; dans le fond, un autre paysan conduit quelques moutons. Ce tableau, que Le Nain s'est plu à terminer, est d'une grande vérité et un des plus recommandables de ce maître.

Haut., 22 pouces ; larg., 25 pouces 6 lign. T.

Même vente.

Le Nain. — L'intérieur d'une chambre où se voit un paysan assis sur une escabelle et appuyé sur un tonneau ; il est entouré de sa famille, composée de deux filles et de deux garçons, dont l'un lui verse à boire, etc.

Haut., 3 pieds 7 pouces ; larg., 2 pieds 10 pouces 6 lign.

Catalogue d'un cabinet d'amateur vendu à l'hôtel d'Aligre, le 5 février 1776.

Un tableau dans le goût du *Nain*, représentant une femme qui a un enfant sur le dos et qui partage la charité avec une autre femme.

Haut., 2 pieds 6 pouces sur 3 pieds de large.

Catalogue de tableaux du cabinet de Madame..., vendu à l'hôtel d'Aligre le 12 février 1776. Rédigé par Pierre Remy.

Le Nain (école des Pays-Bas). — Une femme disant la bonne aventure à un homme qui, par son caractère riant, semble prendre plaisir à ce qu'elle lui annonce ; une autre femme fouille dans sa poche. Ces figures sont de proportions naturelles jusqu'aux genoux. Ce tableau est original et attribué au Nain.

3 pieds 1 pouce de haut sur 4 pieds de large.

Catalogue de tableaux du cabinet de M. le marquis de..., vendu à l'hôtel d'Aligre le 22 février 1776.

Le Nain. — Une jeune fille assise dans un fauteuil ; elle est vue de trois quarts et tient un livre dans lequel elle paraît lire avec attention.

Haut., 24 pouces ; larg., 21 pouces.

Vente à l'hôtel d'Aligre le 18 novembre 1776. Catalogue rédigé par Paillet.

Le Nain. — L'intérieur d'une taverne, où l'on voit toute une famille à table, en train de se réjouir ; chacun d'eux, dans diverses plaisantes attitudes, témoigne sa gaîté. A droite sont des ustensiles de cuisine, rendus avec beaucoup de vérité. Dans le fond, une cheminée devant laquelle sont d'autres personnages ; sur la gauche, une porte ouverte qui répand un jour privé et produit un clair-obscur d'un effet piquant. Ce tableau, peint avec soin, est d'une composition très-amusante.

Larg., 24 pouces ; haut., 18 pouces.

Même vente.

Le Nain. — L'intérieur d'un vestibule, où sont assis trois joueurs autour d'une table ronde, et tirant aux dés. Derrière eux sont deux valets, dont un tient un sac rempli d'espèces qu'il presse contre son cœur ; sur la gauche, une ouverture laisse entrevoir un peu de paysage. Ce tableau, d'une couleur juste, est d'une vérité d'expression qui le rend extrèmement intéressant.

Larg., 44 pouces ; haut., 34.

Même vente.

Le Nain. — Une petite fille étudiant dans un livre. Tableau peint avec beaucoup de vérité.

Haut., 28 pouces ; larg., 22.

Catalogue du cabinet de Randon de Boisset, par Remy et Julliot, Paris, 1777.

Le Nain père (classé à l'école des Pays-Bas). — Une basse-cour : on y voit une femme âgée qui tient un seau d'une main et une corde à puits de l'autre ; une jeune fille, un enfant, un chien, des poules, un coq, une chèvre, un bélier, des choux, des oignons et des ustensiles de cuisine ; sur le second plan un homme qui fait boire un cheval dans une auge de pierre.

Ce tableau, composé agréablement est du bon temps de Le Nain.

Peint sur une toile de 16 pouces de haut sur 20 de large.

Vendu 1,599 fr. 19 c.

Vente, 27 janvier 1777, hôtel d'Aligre. Catalogue Joullain.

Mathieu Le Nain. — Une femme allaitant son enfant, une jeune fille devant elle lui présente la bouillie, tandis qu'un homme en face près d'une table a un verre à la main ; derrière eux est un jeune garçon qui tire de l'eau à un puits ; sur le devant à droite on remarque beaucoup d'ustensiles de cuisine. Ce tableau est d'une très-bonne couleur et d'une grande vérité.

Haut., 13 pouces 9 lign.; larg., 18 pouces. T.

Même vente.

Antoine le Nain. — Une femme auprès de sa cheminée ; elle semble s'apprêter à donner de la bouillie à un enfant en maillot ; une petite fille devant elle tient le poêlon.

Haut., 24 pouces ; larg., 24 pouces 6 lign. T.

Vente de la comtesse du Barry, à l'hôtel d'Aligre, 27 février 1777. Catalogue rédigé par Paillet.

Le Nain (école des Pays-Bas). — L'intérieur de la cour d'une maison de village ; on y voit près d'un puits un paysan parlant à une vieille femme ; devant est une vache qui s'abreuve dans une auge, et plus loin un garçon dans l'attitude de monter sur un âne.

Haut., 11 pouces ; larg, 15 pouces. Sur bois.

Vente de la galerie du comte du Barry.

Le Nain. — Une marchande de légumes. Elle est accompagnée d'un enfant. Sur le même plan, un vieillard appuyé sur son bâton. — Un cheval debout, des moutons, une vache, un arrosoir, un chien et un coq. — Vendu 1,200 livres.

Même cabinet.

Le Nain. — *La Liseuse*. Une femme lit à la clarté d'une chandelle. Vendu 140 livres.

Vente des tableaux du prince de Conti, au Palais du Temple, le 8 avril 1777 (1).

Le Nain. — Un tableau composé de trois hommes à table et de cinq autres figures dont un jeune garçon qui joue du violon.

Ce bon tableau est peint sur une toile de 3 pieds 3 pouces de haut sur 3 pieds 9 pouces de large.

Acheté 1,803 fr. par Le Brun.

Même vente.

Deux tableaux de Le Nain en pendants.

Dans l'un, une femme tient un enfant ; elle paraît écouter avec attention un jeune homme qui lit une lettre.

Dans l'autre, une femme est à table avec ses deux enfants ; figures à mi-corps.

Ils sont peints sur toile et portent chacun 20 pouces de haut sur 21 de large.

Ensemble vendus 601 fr. à l'abbé Renoir.

Même vente.

Un artiste dans son atelier peignant un portrait ; on y voit cinq figures en pied.

(1) *Le Repas de famille*, vendu fr. 1,010, et *le Maréchal*, vendu fr. 2,160, de Le Nain, qui provenaient de la galerie du duc de Choiseul, se retrouvent à la vente du prince de Conti.

Ce tableau, à ce que prétendent des amateurs, est une répétition de celui du cabinet de M. Randon de Boisset.

Peint sur bois. Haut., 14 pouces ; larg., 11.

Acquis 499 fr. 19 c. par Langlier.

Même vente.

Une étable, dans laquelle on voit plusieurs figures, entre autres un homme qui verse du lait. — Acquis 325 fr. par Périssen.

Vente à l'hôtel d'Aligre, 15 décembre 1777, sous la direction de Paillet.

Le Nain (école des Pays-Bas). — Un collecteur de village recevant l'argent d'une paysanne qui tient son enfant emmaillotté dans une couverture ; près d'elle est un jeune garçon.

Ce tableau, peint dans la plus parfaite vérité, présente des caractères très-intéressants.

Peint sur bois. Larg., 23 pouces ; haut., 18.

Vente de M. R..., le 13 janvier 1778, hôtel d'Aligre. Catalogue par Paillet.

Le Nain. — L'intérieur d'une tabagie (1). L'on y voit des fumeurs, les uns assis, les autres debout autour d'une table sur laquelle est posée une chandelle qui les éclaire. Un nègre, peint avec la plus grande vérité, est placé derrière eux ; dans le coin du tableau à droite est un homme qui se chauffe à une cheminée.

Ce tableau, composé de huit figures, est sans contredit un des plus capitaux de Le Nain et de son meilleur faire.

Haut., 3 pieds 8 pouces ; larg., 4 pieds 2 pouces. T.

Vente de la collection de feu Son Altesse Mgr Christient, duc des Deux-Ponts, à l'hôtel d'Aligre, le 6 avril 1778. Catalogue rédigé par Pierre Remy.

Le Nain (école Française) (2). — Un vieillard dormant dans un fauteuil et une femme assise près d'un tonneau sur lequel est un pot et une serviette ; cette femme fait signe d'un doigt à deux enfants de ne

---

(1) Même tableau que celui de la vente du cardinal Fesch, où il fut adjugé postérieurement pour 430 francs.

(2) L'expert Remy, de même que Paillet, oublient leurs désignations précédentes et rangent à leur fantaisie Le Nain tantôt dans l'école des Pays-Bas, tantôt dans l'école française.

pas troubler le repos de leur père ; un pot renversé, des assiettes et une bouteille sont sur le premier plan ; une femme à un puits se voit dans l'éloignement ; une muraille et un peu de ciel font le fond.

Ce tableau est d'une touche merveilleuse et d'une bonne couleur ; son mérite est supérieur à beaucoup d'autres.

Peint sur toile. Haut., 16 pouces 6 lign.; larg., 21 pouces.

Vente de M. Gros, peintre, faite par Le Brun, peintre, à l'hôtel d'Aligre, le 13 avril 1778.

Le Nain. — Une famille de paysans près la porte de leur maison. L'on y voit une jeune fille qui apporte du lait dans une écuelle. Une femme et un vieillard semblent lui dire de prendre garde de le répandre. Trois enfants et deux animaux enrichissent la composition intéressante de ce tableau. Dans le fond à droite est un homme qui entre dans la maison ; sur le devant est un tonneau, un chaudron et divers ustensiles d'un style varié.

Haut., 19 pouces; larg., 23. T.

Vendu 700 fr.

Vente de feue Mme de Julienne, 5 novembre 1778. Catalogue rédigé par Le Brun.

Le Nain. — *Un paysage.* Sur le devant est une femme qui allaite son enfant et des pâtres qui viennent abreuver leurs bestiaux à une fontaine.

Haut., 30 pouces; larg., 22. T.

Vente, 16 novembre 1778, hôtel d'Aligre, Paillet.

Le Nain. — Une étable, dans laquelle on voit un homme qui verse du lait dans un baquet. — Ce tableau est rendu dans les détails avec vérité.

Haut., 84 pouces; larg., 24. T.

Même vente.

Le buste d'un jeune homme.

Ce morceau, rendu avec vérité, est dans le style du Nain.

Haut., 9 pouces; larg., 7. Bois.

Vente de Mme veuve de La Haye, receveur général, hôtel Lambert, 1er décembre 1778. Catalogue par Pierre Remy.

Le Nain (école des Pays-Bas). — Un tableau représentant deux hommes qui tiennent un bélier par des cordons ; l'un tient un verre, l'autre des feuilles de vigne autour de sa tête, de même que trois autres hommes qui marchent avec eux et qui les suivent ; un aveugle jouant de la vielle et deux enfants les précèdent.

Ce morceau, peint par Le Nain, est estimable par l'enjouement des personnages qu'il représente et aussi par son coloris agréable.

Peint sur toile. Haut., 3 pieds 9 pouces; larg., 5 pieds 1 pouce.

Catalogue de l'abbé de Gévigney, garde des titres et généalogies de la Bibliothèque du roi. Vendu à l'hôtel Bullion, le 1er décembre 1779. Paillet, expert.

Antoine Le Nain. — Une assemblée de gens de distinction de divers états dans une espèce d'hôtellerie ; ils sont au nombre de six, placés autour d'une table sur laquelle est une chandelle allumée posée sur un tapis. Ils s'amusent à fumer ; derrière eux est un nègre disposé à les servir. Deux bouteilles sont dans un seau de cuivre à terre. Dans l'enfoncement du tableau est un homme qui se chauffe.

Haut., 44 pouces; larg. 50. T.

Même vente.

Antoine Le Nain. — L'intérieur d'une étable, dans laquelle sont des bœufs, des moutons, des oies, des dindes, poules et pigeons, un homme versant du lait dans une beurrière et divers accessoires d'une ménagerie

Ce tableau vient de la collection de Mgr le prince de Conti.

Haut., 13 pouces; larg., 29. T.

Vendu 150 fr.

Même vente.

Antoine Le Nain. — Le portrait d'une jeune paysanne dont les cheveux sont épars ; elle est dans un ancien fauteuil, représentée aux deux tiers, tenant dans ses mains un livre qu'elle lit avec attention.

Ce morceau est de la plus grande vérité.

Haut., 24 pouces; larg., 21. T.

Vendu 250 fr.

Même vente.

Louis Le Nain. — Une vieille femme assise sur un banc et près d'elle deux enfants occupés, l'un à couper du pain, l'autre à dire son bénédicité Ce tableau, dont les figures sont vues à mi-corps, est peint sur toile.

Haut., 20 pouces et demi ; larg., 24 pouces.

Vendu 36 fr.

Même vente.

Un très-beau tableau original dans le goût *du Nain*, représentant une vieille femme tenant un chapelet dans ses mains ; elle est accompagnée de deux enfants

Haut., 38 pouces ; larg., 27. T.

Vente du 15 mars 1779, par Boileau, hôtel d'Aligre.

Le Nain (école des Pays-Bas). — Le portrait de cet artiste peint par lui-même. Il s'est reproduit peignant un portrait ; plusieurs figures en pied sont autour de lui. Le lieu représente l'atelier du peintre.

Haut., 14 pouces ; larg., 11.

(Venant du cabinet de Mgr le prince de Conti, où il avait été vendu 500 fr) — Vendu 410 fr.

Catalogue des tableaux de M. Caron, ci-devant trésorier du Marc d'Or, vendus le 10 janvier 1780.

Le Nain. — Un homme assis à une table. Il a des livres devant lui ; il tient une plume et reçoit une pièce d'argent des mains d'une femme qui a un enfant entre ses bras ; un jeune garçon est debout à côté d'elle et tient un livre sous le bras.

Tableau d'une touche savante, d'un effet piquant et de la plus grande vérité.

Haut., 20 pouces ; larg., 25 pouces 6 lignes. T.

Même vente.

Un homme occupé à hacher de la paille et un petit garçon qui lui en apporte une botte. Ce tableau est dans la manière de *Le Nain* et très-grassement peint.

Haut., 20 pouces ; larg., 25 pouces 6 lignes. B.

Catalogue raisonné des tableaux de feu M. Poullain, receveur général des domaines du roi. Vente du 15 mars 1780, à l'hôtel de Bullion. Le Brun, expert.

Le Nain. — *Un repas de famille.* On voit dans ce tableau deux hommes et une femme assis à table. Une servante apporte un plat. Trois enfants sont debout devant la table, au pied de laquelle est un petit épagneul. Un des deux hommes est prêt à boire un verre de vin que vient de lui verser un valet qui est derrière lui. La femme semble gronder un petit garçon qui tient son chapeau sur sa poitrine, dans l'attitude d'un enfant qui demande grâce.

On en a connu un semblable dans le cabinet de M. le duc de Choiseul et qui a passé dans celui de Mgr le prince de Conti ; mais celui-ci est plus vigoureux. Toutes ces têtes sont des portraits de la famille de M. Poullain, de laquelle il n'est jamais sorti.

Nous avons été étonnés que les historiens ne nous aient rien laissé sur la vie et les ouvrages de cet artiste habile. Il a eu plusieurs frères qui ont suivi la même manière, mais qui lui ont été bien inférieurs.

Hauteur, 33 pouces; largeur, 42 pouces. T.

Vendu 300 fr.

Catalogue des tableaux de feu M. Prault, imprimeur du roi, vendus le 27 novembre 1780, ancien hôtel de Bullion. Rédacteur, Le Brun.

Le Nain. — *Une famille de paysans.* A droite, près d'un puits, l'on voit une femme vêtue en paysanne, les mains appuyées sur une cruche de grès. Sur un cuvier est accoudé un homme vêtu d'un habit bleu, avec un fichu noué au col, et qui a l'autre bras appuyé sur l'épaule droite de la femme. Sur le même cuvier est un enfant qui, d'une main, tient une bouteille recouverte de paille, de l'autre, une coupe. On voit aussi une nappe et un morceau de pain. Plus bas, en avant, sont deux jeunes filles dont une vue par le dos, vêtue de jupe et corset rouges ; l'autre est coiffée pittoresquement ; elles sont à demi couchées et appuyées sur un banc, sur lequel est posé un plat de terre plein de lait. Sur le troisième plan, est une vieille femme qui se détache sur un fond clair ; elle tient à son bras gauche un panier par l'anse ; à ses côtés est une chèvre. Le fond présente à droite un grand arbre dépouillé de ses feuilles ; à gauche une cabane de paysans et des ruines ; au milieu une pleine campagne. Le bas est orné de divers accessoires précieusement finis. Ce tableau, qui est du meilleur temps de Le Nain, est peint avec la plus grande vérité.

Haut., 18 pouces; larg., 21 pouces 6 lignes. T.

Catalogue des tableaux vendus, le 11 décembre 1780, à l'hôtel Bullion. Le Brun, expert.

Le Nain. — L'intérieur d'un souterrain, où l'on voit une femme montée sur un âne, suivie d'un homme, d'une femme, d'un enfant et d'un chien. Sur le côté gauche est un homme chargé qui se repose. Plus loin, et à travers une percée de jour, l'on voit deux autres figures.

Haut., 14 pouces 6 lignes; larg., 19 pouces. T.

Vente de la collection du duc de La Vallière en 1781.
Le Nain. — Le dehors d'une maison de charité. A la porte, un homme vêtu de noir, faisant l'aumône.
Vendu 400 livres.

Même vente.
Le Nain. — *Repas de paysans.* Un paysan et sa femme prennent leur repas en dehors de leur maison. Sur le devant, une chèvre, un garçon qui renverse un panier de légumes.
Vendu 251 livres.

Même vente.
Le Nain. — Le peintre dans son atelier. Il peint une femme belle et richement vêtue.
Vendu 312 livres.

Même vente.
Le Nain. — Une famille de pauvres gens à table. Ils sont au nombre de quatre.
Non vendu.

Catalogue des tableaux vendus à l'hôtel Bullion, le 30 janvier 1782. Paillet, expert.
Le Nain père (école des Pays-Bas). — Ce tableau représente une famille de paysans prenant un repas au dehors de la maison et auprès d'un puits; on y compte sept figures rendues avec la plus grande vérité.
Ce morceau mérite une distinction particulière entre les ouvrages de ce maître.
Haut., 18 pouces; larg., 21 pouces. T.
Vendu 510 fr.

Vente du 5 mai 1783, galerie Bourcier de Saint-Hilaire. Joullain.
Le Nain. — *Une Famille champêtre.* On distingue une femme qui trait une brebis; ils sont à la porte de leur chaumière. Tableau du bon temps de ce maître.
Haut., 2 pieds 10 pouces; larg., 3 pieds 8 pouces. T.

Supplément au catalogue de tableaux vendus le 14 avril 1784, à l'hôtel Bullion. Le Brun, expert.
Le Nain. L'intérieur de l'atelier de ce peintre; on le voit assis et de face devant son chevalet, faisant le portrait d'un homme vêtu d'un

manteau et d'un habit noir, qui est assis devant lui et derrière lequel sont deux autres personnages, dont un ajusté d'un manteau rouge, tenant à la main une palette.

Ce morceau, d'une très-belle couleur et rempli de vérité, réunit à ces deux qualités le mérite d'offrir le portrait de ce célèbre peintre.

Haut., 14 pouces ; larg., 11 pouces. B.

Catalogue de tableaux du baron de Saint-J....., vendus le 21 juin 1784, hôtel Bullion. Le Brun, expert.

Le Nain — L'intérieur d'une étable, où l'on voit quatre vaches rangées les unes à côté des autres et séparées par des poteaux ; trois moutons sont devant elles, et pour principales figures on y remarque un homme vêtu de rouge, occupé à verser du lait dans une baratte ; plusieurs oiseaux, comme pigeons, poules, oies et autres accessoires, ornent ce tableau qui est d'un effet piquant et d'un beau ton de couleur.

Haut., 23 pouces ; larg , 30 pouces. T.

Catalogue des tableaux vendus à l'hôtel Bullion, le 11 novembre 1784.

Jean (1) L. Nain. — *Les Amusements champêtres.* Un père, au retour du travail, joue du flageolet pour amuser la famille ; sa femme à côté écoute ; plus loin un pâtre conduit des bestiaux. Des ruines forment une grande masse, sur laquelle se détache le principal groupe ; le ciel et un soleil couchant.

Ce tableau est très-clair, bien terminé et l'un des plus beaux de ce maître.

Haut., 18 pouces ; larg., 23 pouces. T.

Vente Le Roy de Senneville, 26 avril 1784. Paillet, expert.

Le Nain (école des Pays-Bas). — Un tableau composé de quatre figures portant chacune le caractère de la plus grande vérité. On y distingue une femme assise et entourée de légumes, ayant près d'elle une jeune fille ajustée d'une coiffe noire et d'un corset rouge.

Haut., 16 pouces ; larg., 20 pouces. T.

Vendu 160 fr.

Vente de M. de Montriblond, 9 février 1787, hôtel Bullion. Paillet, expert.

(1) L'expert a inventé ce nouveau prénom de Jean.

Le Nain père (1). — *Un Repas villageois.* On compte dans cette composition cinq figures, toutes variées de caractères et peignant la gaieté ; trois garçons, une jeune fille et un enfant assis autour d'une table, et occupés à manger du lard dans une grande terrine qui est posée sur une table ; un chien barbet est placé à la droite et semble aussi en demander sa part, ayant ses deux pattes sur les genoux de son maître.

Ce tableau, d'une grande gaieté de composition et grassement peint, est supérieur aux ouvrages ordinaires de ce peintre ; il semble avoir cherché à imiter François Hall, qui a excellé à représenter de semblables sujets.

Haut., 41 pouces; larg., 48 pouces. T.
Vendu 390 fr.

Même vente.

Le Nain père. — Une composition de six figures, représentées de grandeur naturelle, dont les trois principales sont assises et attachées sur un banc, prenant un repas frugal ; dans le milieu, un homme est représenté de face tenant un verre de vin, un autre à sa droite occupé à boire, et à gauche, un vieillard nu-pieds tenant ses mains l'une dans l'autre ; un jeune garçon est debout près d'eux, tenant un violon ; et à droite, une femme vêtue d'un corset rouge est derrière celui qui boit, et près du vieillard un jeune garçon debout et nu-pieds. Ce morceau est également plein de caractère et de vérité.

Haut., 42 pouces; larg., 46 pouces. T.
Vendu 128 fr.

Même vente.

Le Nain fils (2). — Une composition de sept figures, de grandeur naturelle, et rendues avec vérité. On remarque à sa droite une vieille femme occupée à filer ; à côté d'elle une jeune fille qui fait de la dentelle, et dans le milieu un homme appuyé sur un âne, parlant à une jeune femme ; sur le devant sont trois garçons dont un tient des ciseaux dans la main.

Haut., 48 pouces ; larg., 58 pouces. T.
Vendu 450 fr.

---

(1) Qu'est-ce que Le Nain père ? L'expert Paillet en a emporté le secret dans la tombe.

(2) Qu'est-ce que Le Nain *fils* ?

Catalogue de M. Nourri, conseiller au grand conseil, vendu le 24 février 1785, à l'hôtel Bullion. Folliot, expert.

Le Nain. — Un jeune homme qui dessine et à côté de lui deux femmes causant à la lueur d'un flambeau.
Esquisse.

Même vente.
Autre Le Nain.

Catalogue de M. le P.., vendu à l'hôtel Bullion, le 3 mars 1785.

Le Nain — *Une Famille à table*. Composition de huit figures. Cet excellent tableau est très-connu.
Haut., 3 pieds 2 pouces, 6 lignes; larg., 3 pieds 9 pouces.

Même vente.
Par un des Nain. — Un tableau composé de trois figures, dont une bergère montrant une fleur à un enfant; des moutons boivent dans une auge.
Haut., 2 pieds 4 pouces; larg., 1 pied 9 pouces 6 lignes. B.

Cabinet de M....., 7 mars 1785, vendu à l'hôtel Bullion. Le Brun, expert.

Le Nain. — Un sujet de deux figures représentant *le Bénédicité*.
Haut., 12 pouces; larg., 10 pouces.

Cabinet de M..., 18 mars 1785, hôtel de Bullion. Paillet.

Le Nain. — L'intérieur d'une ferme.

Même vente.
Le Nain. — Un sujet représentant des femmes occupées à couler la lessive.

Même vente.
Le Nain. — *Un repas de paysans*.

Même vente.
Le Nain. — Un tableau, genre *du Nain*, représentant une pauvre femme accompagnée de ses enfants.

Vente de M. de..., 30 mars 1785, hôtel de Bullion. Paillet, expert.

Deux têtes, dont l'une *du Nain*.
Hauteur, 9 pouces; largeur, 7 pouces.

Vente de feu M. le bailli de Breteuil, le 16 janvier 1786, hôtel de Beauveau. Le Brun, expert.

Le Nain. — Une procession (1) dans l'intérieur d'une église, où l'on voit cinq prêtres portant chape et chasuble, au milieu desquels un sixième, mitré, donne la bénédiction. Deux enfants de chœur précèdent cette cérémonie. Le fond est occupé par un rideau de tapisserie bordé d'or et un autel orné d'un tableau représentant le Christ en croix.

Ce tableau, de la plus grande vérité, a été attribué à *Porbus* injustement; c'est un des plus beaux Le Nain que l'on puisse voir.

Haut., 19 p. 6 lignes; larg., 23 p. 6 lignes. T.

Vendu 1,003 livres.

Vente Richard, peintre de Lyon, le 27 janvier 1786, à l'hôtel Bullion. Paillet, expert.

Le Nain père. — Un sujet de deux figures, vues à mi-corps, et appuyées contre une table, dans l'attitude et le caractère de chanteurs.

Ce petit tableau, du meilleur ton de couleur, est aussi d'un bon effet et bien peint.

Hauteur, 9 pouces, largeur 7 pouces. B.

Vente du chevalier de C..., 4 décembre 1786, à l'hôtel Bullion. Paillet, expert.

Le Nain père. — Un tableau d'une grande distinction parmi les ouvrages de ce maître : il représente un vieillard assis et endormi dans un fauteuil au dehors d'une maison; il est placé près d'un tonneau sur lequel il paraît avoir pris son repas; de l'autre côté est sa femme aussi assise et faisant signe à ses enfants de se taire pour ne pas éveiller leur père.

Rien n'est plus juste ni plus exact que l'intention de ce sujet, dans lequel le peintre a su jeter un intérêt particulier. La vérité de la nature y est parfaitement suivie, la couleur en est transparente et nous le regardons comme un morceau capital.

Hauteur, 16 pouces; largeur, 21 pouces. T.

Vente d'Ennery, écuyer, 1786. Miliotti, expert.

Le Nain. — Une cuisine, dans laquelle sont quatre personnages, dont un homme assis près d'une cheminée; une femme aussi assise dans une grande manne et divers ustensiles de cuisine.

(1) C'est le tableau du Louvre, faussement attribué à Le Nain.

Ce tableau a un coloris agréable ; il est du bon Nain et est en grande considération.

Hauteur, 18 pouces; largeur, 21 pouces 6 lignes.

Vendu 1,100 fr.

Catalogue du cabinet M*** (Morel), par Le Brun, 1786.

Le Nain, 1611. — Intérieur d'une tabagie au milieu de laquelle sont plusieurs officiers autour d'une table couverte d'un tapis, sur laquelle est posée une lumière qui les éclaire tous. On voit sur la gauche un d'eux qui dort appuyé sur la table et vêtu de noir ; plus loin et au milieu, est un officier assis près de la table, vêtu d'un manteau rouge et coiffé d'un chapeau à plumet. Les autres paraissent occupés à fumer et à faire de la musique. On remarque dans le fond un nègre et un autre valet qui se chauffent près d'une cheminée.

Ce tableau, l'un des plus précieux de ce maître, offre des caractères bien variés et de la plus grande vérité. Le clair-obscur et la belle harmonie qui y règnent font illusion. Il nous paraît une des plus belles productions de cet artiste.

Hauteur, 27 pouces; largeur, 35 pouces.

Vendu 1,200 livres.

Vente de M. M....., hôtel Bullion, 20 mars 1787. Paillet, expert.

Le Nain. — Un précieux tableau de cet artiste, sujet de trois figures de jeunes musiciens ; ils sont tous trois près d'une table sur laquelle sont un chandelier, un livre ouvert et quelques autres accessoires ; l'un d'eux, tenant une guitare et ajusté d'une large draperie rouge, paraît enseigner aux deux autres, qui sont plus jeunes.

Ce morceau est très-fini et très-rare.

Hauteur, 11 p. ; largeur, 15 p. T.

Vente à l'hôtel Bullion, le 6 décembre 1787. Constantin, expert.

Le Nain. — Un homme occupé à nettoyer des ustensiles de ferme à l'usage d'une laiterie.

Tous ces accessoires sont d'une grande vérité.

Hauteur, 30 p.; largeur, 26 p. T.

Vente, 20 décembre 1787, salle Cléry. Le Brun, expert.

Le Nain. — Trois hommes occupés à faire de la musique ; ils sont vus à mi-corps.

Ce tableau, de la plus grande vérité, a été vu avec plaisir dans la vente de M. de Besse.

Hauteur, 10 po.; largeur, 14 po. B.

Vente de M. de V..., le 18 février 1788, salle Cléry. Le Brun, expert.

Le Nain. — Une pleine campagne où l'on voit à droite et sur le devant un homme assis, enveloppé d'un manteau, la tête couverte d'un chapeau et derrière lui un cheval bridé d'une longe : sur le devant est un petit chien blanc taché de brun. Dans le milieu sont deux jeunes paysans, dont un joue du flageolet ; la gauche est occupée par une paysanne, arrêtée debout, les bras croisés et les pieds nuds, portant sur la tête un pot au lait de cuivre; l'on y voit encore trois moutons.

Ce tableau, d'une grande vérité, est un des bons ouvrages de ce maître.

Haut., 20 p. 1/2; larg., 23 p. 1/2. T.

Même vente. — Dans un lot de tableaux.
Une tabagie du Nain.

Même vente. — Dans un autre lot.
Une copie du Nain.

Vente Villemandi, hôtel Bullion, 3 mars 1788. Paillet.

Le Nain fils. — Un tableau représentant des cavaliers arrêtés à la porte d'un cabaret pour se rafraîchir.
Sur toile.

Même vente.
Le Nain fils. — Un autre tableau, sujet de trois figures.

Vente de M. B.., salle Cléry, 17 mars 1788. Le Brun, expert.

Le Nain. — Une composition de deux figures, dont un jeune homme occupé à lire une lettre à une jeune fille qui le regarde en riant ; ils sont vus à mi-corps, appuyés sur une table, sur laquelle est un rouleau de papier.

Haut., 11 pouces; larg., 8 p.

Vente à l'hôtel Bullion, le 7 mai 1788. Paillet, expert.

Le Nain. — Ce tableau représente un mendiant avec ses enfants.
Il a été gravé.

Hauteur, 22 pouces ; largeur, 18 pouces.

Vente de Wailly, architecte du roi, le 21 novembre 1788. Paillet.

Le Nain (école des Pays-Bas). — Un sujet de bambochades d'un âne abattu sous le poids d'une batterie de cuisine et d'un tas de volaille et gibier, le conducteur criant au secours,
Hauteur, 24 pouces; largeur, 18 pouces.

Vente du marquis de....., 9 décembre 1788, salle Cléry. Le Brun, expert.

Le Nain. — Un tableau de huit figures de paysans à la porte d'une ferme ; le principal groupe offre une jeune femme près d'une table, se défendant d'un vieillard qui veut l'embrasser; près d'elle sont deux enfants dont un qui tient une jatte remplie de lait ; devant eux est une vieille femme debout près de la porte, conversant avec un homme qui tient un verre de vin et qui les regarde. Plus loin, sur la gauche, sont deux autres enfants qui jouent; on remarque dans le fond, un homme près d'une haie et des lointains qui terminent ce tableau, qui est un des meilleurs de ce maître. Il joint à la gaieté des caractères un coloris frais et agréable.

Même vente.
Le Nain. — Un tableau d'une riche composition, représentant l'intérieur d'une basse-cour, ornée de huit figures sur différents plans; de plus animaux, cheval, charrettes et autres accessoires enrichissent cette composition qui offre des détails variés et intéressants.
Haut., 3 pieds 2 pouces; larg., 3 pieds 9 pouces. T.

Même vente.
Le Nain. — Un petit tableau, représentant l'intérieur d'une cuisine ornée de trois figures; divers ustensiles, des poteries, des chaudrons et autres objets enrichissent cette composition dont l'effet est harmonieux.

Même vente.
Le Nain. — Un paysage, orné sur le devant de cinq figures de paysans dont une femme faisant boire du lait à des enfants; des chèvres, des vaches et autres animaux enrichissent cette composition, dont la gauche est ornée de restes d'anciens monuments.
Haut., 34 pouces; larg., 45 pouces. T.

Cabinet veuve Lenglier, vendu en 1788.

Le Nain. — *Un fumeur*. Il est coiffé d'une toque ornée d'un panache; sur la table, un pot et un verre.

Vendu 36 livres.

Vente de M. Parizeau, peintre et graveur, hôtel Bullion, 26 mars 1789. Paillet, expert.

Le Nain. — Un paysage, mêlé de ruines, dans le milieu duquel on voit une vieille femme assise tenant un pot au lait de cuivre sur elle et paraissant répondre à des questions que lui fait un berger qui tient une grande pique; un joli enfant assis aux pieds de cette vieille femme, s'amuse à jouer du flageolet; divers animaux naturellement distribués contribuent à former une des compositions riches de ce bon peintre.

Haut., 19 pouces; larg., 24 pouces. T.

Même vente.

Le Nain. — Un autre petit tableau, aussi du bon temps et de la bonne touche de cet artiste : il représente deux cavaliers arrêtés près d'une hôtellerie, l'un recevant un verre de vin que lui présente un homme coiffé d'une toque rouge et tenant une bouteille d'osier dans sa main gauche. Sur le premier plan à droite, on voit une femme assise, accompagnée d'un enfant; plus loin, quelques ustensiles de ménage, une valise et des armures.

Haut., 13 pouces; larg., 17 pouces. T.

Même vente.

Le Nain. — Une composition de trois figures de jeunes Savoyards, vus à mi-corps, se disputant pour manger de la bouillie; un chat placé sur une table indique aussi ses prétentions au festin.

Ce tableau, intéressant par la vérité du sujet, est peint avec toute la force et l'intelligence convenables à ce genre.

Haut., 29 pouces; larg., 12 pouces. T.

Vente feu Marin, 22 mars 1790. Le Brun, expert (1).

Un vieillard endormi à côté d'une jeune fille, dans la manière *du Nain*.

Haut., 10 pouces; larg., 12 pouces. T.

11 avril 1791. Le Brun, expert.

Le Nain. — Vendu 48 fr. 10.

Vente de M. de Nanteuil, hôtel Bullion, 1er mars 1792. Paillet, expert.

(1) Le *Repas de famille* reparaît à cette vente.

Le Nain père. — Un tableau d'une grande vérité de nature et du plus beau ton de couleur ; il représente un avocat de village dans son cabinet devant son bureau et recevant une pièce d'argent que lui présente une femme tenant son enfant sur ses bras et accompagnée d'un jeune garçon.

Haut., 19 pouces; larg., 27 pouces. B.

Catalogue Vincent Donjeux, négociant de tableaux, par Le Brun et Paillet. Paris, 1793.

Un homme de loi dans son cabinet recevant une pièce d'argent que lui présente une femme portant un petit enfant sur ses bras et tenant dans la main gauche une requête ; un jeune garçon tient un rouleau de papier sous son bras.

Vérité frappante et fraîche de carnation.

Haut., 17 pouces 6 lignes; larg., 24 pouces. B.

Ce tableau se trouve dans un catalogue de tableaux vendus en 1777 sous la direction de Paillet; payé 800 livres alors, il monte à 1,030 livres, en 1793 !

Même vente.

Le Nain. — Un homme conduisant une brouette chargée de légumes ; derrière lui une femme semble indiquer à un pâtre et une petite fille la route qu'ils ont à prendre; bestiaux et autres figures, fond d'architecture ; effet piquant et grande vérité.

Haut., 32 pouces; larg., 40 pouces. T.

Vendu 462 livres

Cabinet Jourdan. Paris, 1793.

Le Nain. — Un bon tableau de cinq personnages autour d'une table.

Haut., 36 pouces; larg., 48 pouces. T.

Catalogue de tableaux dont la vente se fera le lundi 25 mars 1793. Paris. Sambert, expert.

Un joli tableau ovale, peint par Le Nain, sujet de deux mendiants, dont une femme.

Bois.

Supplément du catalogue de la vente du citoyen La Reynière, rue de Cléry le 3 avril 1793. Le Brun, expert.

Le Nain. — Un intérieur rustique, orné de trois figures ; on voit au milieu du tableau un groupe de divers ustensiles soigneusement rendus.

Haut., 12 pouces; larg., 15 pouces.

Vente du citoyen Le Lorrain, 6 octobre 1794, rue de Grenelle. Boileau, expert.

Le Nain. — Un petit tableau très-fin de ce maître et composé de deux figures, dont un jeune homme, vu de profil, lisant un papier dont le contenu paraît égayer une jeune fille qui l'écoute.

Ce petit morceau est un échantillon précieux des ouvrages de Le Nain.
Haut., 9 pouces; larg., 7 pouces. B

Vente rue de Cléry, 1er février 1799. Le Brun, expert.

Le Nain. — La vue d'une campagne où l'on voit sur la droite un jeune garçon en face d'une jeune fille, tous deux assis, l'un tenant une bouteille d'osier, l'autre un pot. Derrière eux, un homme, vu par le dos, tire un seau d'eau; à gauche, et au devant d'un moulin, une vieille femme assise. Divers accessoires, tels qu'un chat, un chien, un pot en cuivre et autres, terminent ce joli tableau d'une composition naïve.
Petit tableau sur toile.

Vente le 6 messidor an VII, rue Vivienne. Paillet, expert.

Le Nain. — Un jeune pâtre appuyé sur un vieux tonneau et tenant son âne par la bride. Cette scène naturelle est représentée dans un site de ruines servant de fond.

Ce morceau a beaucoup d'analogie pour le faire et la couleur aux beaux ouvrages de *Murillos*.
Haut., 56 c.; larg., 49 c. T.

Même vente.

Le Nain. — Un tableau d'une grande vérité, offrant le sujet de différents villageois dont un traînant une brouette chargée de légumes. Toutes les figures et les différents accessoires se détachent sur un fond de ruines, terminé par un lointain de paysage.
Larg., 1 m. 10 c.; haut., 86 c. T.

Vente le 11 prairial an VII, rue Vivienne. Paillet, expert.

Le Nain (école des Pays-Bas). — Un tableau de la plus grande vérité offrant le sujet d'une famille villageoise près de leur métairie et entourée de bestiaux.
Larg., 1 m. 20 c.; haut., 93 c. T.

Catalogue anonyme (M. de Montaleais?), rédigé par Paillet et Delaroche. Paris, 1802.

Le Nain. — Intérieur d'une chambre rustique composée de cinq figures. Un paysan assis près d'un tonneau et présentant un verre à un jeune garçon qui lui verse à boire, tandis qu'une jolie servante apporte un plat d'étain. En second plan, et près d'une cheminée, sont deux autres personnages dont un jeune homme tenant un violon sous le bras et parlant à une femme qui le regarde en riant.

Coloris vrai et brillant, et belle exécution.

Haut., 90 c.; larg., 75 c. T.

Vente 18 avril 1803, rue Vivienne. Paillet, expert.

Jean Le Nain. — Un sujet de quatre figures dont une marchande de légumes, accompagnée de sa fille et un mendiant debout, ayant à sa droite un petit garçon qui tient un clayon où sont des tartelettes.

Morceau frappant de vérité et d'une exécution pleine de goût.

25 pouces sur 30 pouces.

Vendu 120 fr.

Vente 11 juillet 1803, rue Vivienne. Paillet, expert.

Le Nain. — Un beau tableau de paysage, enrichi de figures et bestiaux. La partie droite est occupée par une fontaine d'architecture près de laquelle on voit un vieux pâtre jouant de la flûte.

Morceau plein de naturel et d'une excellente couleur.

Vendu 252 fr.

Feuille indicative des vacations de la vente du 30 messidor an X.

Le Nain. — Sujet de cinq personnages.

Vendu 990 fr.

Vente salle Choiseul, 29 ventôse (vers 1803).

Le Nain. — Un tableau représentant trois personnages, l'un jouant du galoubet, un autre écoutant en fumant sa pipe, et le troisième les regardant.

Haut., 20 pouces; larg., 15 pouces.

Vendu 36 fr.

Vente de M. de Saint-Yves, 1805. Regnault, expert.

Louis Le Nain. — Une famille de paysans à la porte d'une maison ; la mère se dispose à distribuer à de petits enfants une jatte de lait qu'une jeune fille lui présente; le père préside à ce partage. Des ustensiles de ménage et un tonneau occupent le devant; un paysage, où l'on aperçoit une chaumière et des moutons, est à gauche. Des montagnes terminent le fond.

Ce tableau, touché avec finesse, est d'un bel effet et d'une bonne couleur.

Haut., 18 pouces 9 lignes; larg. 22 pouces. T.

Vente du cabinet de M....., 2 janvier 1810, hôtel Bullion. Clisorius, expert, avec cette épigraphe : « Les arts nés de la science et du génie sont frères de la curiosité. »

Le Nain. — Composition de six figures, dont l'une représente un diseur de bonne aventure.

Vente de M. de Sylvestre, maître à dessiner des enfants de France, 1810. De Lalande, expert.

Louis Le Nain. — Une jeune fille assise, pinçant de la guitare ; près d'elle, deux jeunes garçons ; l'un joue de la poche, l'autre chante. Composition de demi-figures.

On trouve dans ce tableau beaucoup de grâce, une exécution fine et précieuse, une couleur brillante et harmonieuse.

Haut., 10 pouces 4 lignes; larg., 15 pouces, 5 lignes.

Même vente.

Quatre études de tête dans le genre de Mathieu Le Nain.

Tableau de 8 pouces 4 lignes de haut sur 5 pouces 6 lignes de large. T.

Même vente.

Cinq études de figures, têtes et draperies par les deux Nain.

Vente de M. de Cambry, 17 mai (1810 ou 1812 à peu près), rue Neuve du Luxembourg. Delaroche, expert.

Louis Le Nain. — L'intérieur d'une ferme. On y voit au milieu une bonne mère entourée de ses enfants dont le plus petit est sur ses genoux, et pour lequel l'aîné apporte une soupière où il y a de la bouillie. Des moutons, une chèvre, des poules, des canards, un chien et autres accessoires forment la plus belle richesse sur tout le premier plan. Les détails de cette scène villageoise se détachent dans le ton le plus harmonieux sur un fond de chaumière qui, lui-même d'un effet doux et argentin, conduit l'œil à un lointain de village terminé par de hautes montagnes.

Vente hôtel Bullion, 1810. Destouches, expert.

Le Nain. — Un intérieur d'écurie.

Vente de M....., 30 avril 1810, hôtel Bullion. D. Lalande, expert.

Mathieu Le Nain. — Une vieille fileuse : sa fille, assise à terre, fait de la dentelle et quitte ce travail pour regarder un enfant qui lui montre une pomme ; un tonneau et des ustensiles de ménage sont à la droite du tableau. Le fond est occupé par l'intérieur d'une chambre voûtée.

Haut., 18 pouces; larg., 20 pouces. T.

Vente du cabinet de M....., 24 février 1812, hôtel Bullion. Lebrun, expert.

Le Nain. — L'intérieur d'une ferme, à la porte de laquelle on voit une jeune fille occupée à traire une génisse, tandis qu'une autre lui présente de l'herbage ; plus loin une vieille femme debout tient un pot au lait. Près d'elle, une vache rousse est à boire, ainsi qu'un berger assis sur la gauche, et, en dedans du tableau, un bouc, un coq et deux poules enrichissent encore cette composition, l'une des plus belles de ce maître.

Haut., 34 pouces; larg., 44 pouces. T.

Feuille de vacation de la vente de M. de Solirène, 11 mars 1812.

Le Nain. — Scène familière. *Le vieillard endormi*. Il est dans un fauteuil ; près de lui, sa femme fait signe à deux enfants de faire silence.

Vendu 510 fr.

Vente Ropicquet, musicien, 23 mars 1813, hôtel Bullion. Delaroche, expert.

Le Nain. — Les dehors d'une ferme. Un paysan, assis près d'un tonneau, offre un verre de vin à sa femme qui tient une quenouille. Près d'elle, au premier plan, sur la gauche, sont deux enfants assis, dont l'un souffle dans une pipe. On voit encore dans l'éloignement, à droite, un villageois avec un bâton sur l'épaule.

Cette scène présente autant de vérité dans le caractère que dans le coloris.

Haut., 18 pouces; larg., 22 pouces. T.

Vente Godefroy, ancien contrôleur général de la marine, 14 décembre 1813. Delaroche, expert, rue Richelieu.

Le Nain. — Une famille de villageois occupés à prendre leur repas au dehors de la ferme; le mari, un bras sur l'épaule de sa femme, la regarde avec intérêt; trois enfants, deux sur le devant, auprès d'un banc de bois où ils mangent de la bouillie; un troisième qui regarde avec satisfaction une coupe où il y a du vin; une vieille debout tenant un panier, et un petit valet de ferme derrière elle, terminent cette composition, dont le principal groupe ressort sur l'ancienne construction d'un puits qui occupe la droite. On distingue encore sur la gauche, dans l'éloignement, une habitation rustique.

Cette composition simple joint à la naïveté et à la vérité des caractères une grande fermeté d'exécution, et cette force de coloris si recommandable dans les productions de ce peintre.

Hauteur, 18 pouces; largeur, 22 pouces. T.

Vendu 206 fr.

Vente Sinson, 20 décembre 1813, rue du Bac. De Lalande, expert.

Louis Le Nain. — Médecin de village recevant de l'argent d'une paysanne qui le consulte pour un enfant qu'elle tient dans ses bras; un jeune garçon l'accompagne; à la droite du docteur, assis près d'une table chargée et entourée de volumes, un homme debout semble observer cette scène; du côté opposé à l'entrée de la maison, on aperçoit une servante.

Tableau plein d'expression, fin de touche et piquant d'effet.

Hauteur, 17 p. 9 lignes, largeur, 23 p. 9 lignes. B.

Catalogue Kymli, 22 février 1813.

Le Nain (Louis). — Jeune homme allumant sa pipe; il est debout près d'une table et tient un verre de vin. Sujet de demi-figure.

Hauteur, 4 po. 6 lignes; largeur, 4 pouces. Bois.

Vente Lagrenée l'aîné, peintre du roi et d'Elisabeth, 12 novembre 1814, hôtel Bullion. De Lalande, expert.

Famille de paysans près d'une cheminée.

Composition du Nain touchée avec fermeté et coloriée avec vigueur.

Hauteur, 31 po.; largeur, 42 po. T.

Catalogue du cabinet de M. de Livry, par Landon. Paris, 1814.

Le Nain. — Une marchande de légumes assise; près d'elle sont debout une petite fille, un mendiant et un petit marchand de gâteaux.

Hauteur, 32 po.; largeur, 26 po. T.

Vente de l'Espinasse, 4 janvier 1815, hôtel Bullion. Constantin, expert.

Un vieux pâtre jouant de la flûte et gardant son troupeau ; manière de Le Nain.

Vente hôtel Bullion, 16 janvier 1815. Constantin, expert.

Le Nain. — Au bas d'un fort, quelques figures, dont une vieille femme qui file et un jeune homme jouant de la flûte, etc. T.

Même vente.

Le Nain. — Combat de crocheteurs.

Ces deux tableaux sont des meilleurs de ce maître.

Vente de M..., hôtel Bullion, 13 mars 1815. De Lalande, expert.

Le Christ mort ; repos des bergers ; jeune garçon et jeune fille faisant de la musique (style *du Nain*) dans un lot.

Vente de M. D..., 27 novembre 1815. Pérignon expert.

Le Nain. — Une femme de la campagne et ses trois enfants auprès d'une table où ils s'apprêtent à prendre leur repas ; la plus jeune, les mains jointes, semble dire son *bénédicité*.

Morceau frappant de vérité et d'un effet très-piquant.

Larg., 20 po.; haut., 16 po. T.

Cabinet de M. Edon, par Elie. Paris, 1816.

Une famille entière de villageois, composée de sept personnages réunis dans une chambre rustique.

Catalogue de tableaux de M... ; la vente se fera les 10 et 11 mars 1817, grande salle de l'hôtel des Fermes. Destouches, peintre, expert.

Le Nain. — Un tableau de deux enfants

Vendu 51 fr.

Catalogue des tableaux de M. le lieutenant général baron Th. Paris, Henry, expert. 1817.

Louis Le Nain. — Deux portefaix et un petit garçon sont debout, au coin d'une rue, à côté d'une vieille femme qui vend de l'eau-de-vie et du pain. Un peu plus loin est un autre jeune garçon qui arrange quelque chose dans une charrette.

Vendu 350 fr.

Catalogue de tableaux de feu M. D*, homme de lettres. Paris, Laneuville et Ch. Paillet, experts, 1817.**

Le Nain. — Scène de savoyards. L'un d'eux menace son adversaire de le frapper d'un coup de pierre et l'autre de ses crochets.

Tableau d'une étonnante vérité.

Largeur, 24 pouces; hauteur, 20 pouces.

Catalogue de Mme*, 23 mars 1818.**

Le Nain (Louis). — Jeune fille et jeunes garçons jouant de la musique; sujet de demi-figures. Tableau touché avec finesse et brillant de ton.

Haut., 10 pouces 4 lignes; larg., 15 pouces 5 lignes. T.

Catalogue de tableaux formant la réunion des deux cabinets de M. D* et de M. de B***. Ch. Paillet, expert. Paris, 1818.**

Le Nain. — Les devants d'une ferme servant de basse-cour. On y distingue une femme tenant sur ses genoux un enfant auquel son frère présente une grappe de raisin; des jeunes garçons et filles tiennent une jatte de lait qui paraît être leur repas. Cette scène familière se passe au milieu d'un troupeau de vaches, chèvres, moutons et volailles de toute espèce. Peu de peintres ont rendu ces sortes de sujets avec autant de vérité.

Larg., 18 pouces; haut., 15 pouces. Toile.

Vendu 207 fr.

Catalogue anonyme par Laneuville. Paris, 1819.

Le Nain — Le devant de ce tableau offre une chaumière auprès de laquelle est une villageoise qui file. Ses deux enfants sont sur le même plan ainsi qu'un paysan qui fait des fagots, pendant qu'un autre s'apprête à monter à cheval. Un paysage termine le lointain de ce tableau éclairé par un ciel léger et argentin.

Catalogue anonyme par Henry. Paris, 1819.

Le Nain. — Le ménage rustique. Une fermière assise à la porte de sa maison donne le sein à un enfant et est entourée de trois autres dont un tient une cage. Différents ustensiles de ménage enrichissent la gauche de la composition. Du côté opposé sont des coqs et des poules.

Ce tableau est de la belle qualité du maître.

Haut., 21 po.; larg., 28 po.

Vendu 53 fr. 50.

Catalogue anonyme. Ch. Paillet, 1819.

Le Nain. — Famille de paysans cheminant avec leur âne.

Notice de tableaux de M. Vallée Desnoyers, ancien avocat. H. Delaroche, expert. Paris, 1819.

Le Nain. — L'intérieur d'une ferme ; on y voit au milieu une vieille femme assise, filant au rouet. Près d'elle, deux enfants assis à terre ; divers ustensiles de ménage, et un paysan que l'on distingue, se chauffant à la cheminée d'une pièce éloignée, contribuent à la richesse de cette composition remarquable par la fermeté du pinceau, la vérité des détails et la force du coloris.

Larg., 23 po.; haut., 18 po.

Vendu 405 fr.

Catalogue du cabinet de M. D*, par Martin, artiste peintre. Paris, 1820.**

Nain (Antoine Le), né à Laon, mort en 1648.

Une femme d'une physionomie extrêmement prononcée occupée à filer. Couleur chaude et faire vigoureux, mais un peu sec.

Haut., 1 pied 10 pouces; larg., 1 pied 6 pouces. T.

Catalogue Alphonse Giroux. Paris, 1821.

Le Nain. — Une famille réunie vient de terminer un léger repas. Le maître du logis s'exerce sur un chalumeau devant sa femme et ses deux enfants qui paraissent l'écouter avec plaisir et attention.

Catalogue du cabinet Robert de Saint-Victor, rédigé par Pierre Roux. Paris, 1822.

Le Nain (le chevalier). — Cet artiste peignait l'histoire, mais en le considérant sous le rapport de son véritable talent, on conviendra sans doute qu'il était le plus habile peintre de son temps pour les scènes familières et domestiques. Il est en quelques mots le Greuze du siècle de Louis XIV. Il était grand coloriste. Son pinceau est toujours ferme et bien accusé. Ses sujets sont simples et ne présentent rien de pénible dans leurs compositions. Personne n'a su rendre le plaisir de la vie champêtre et la nature avec plus de vérité. Le tableau que nous allons décrire en offre une preuve : il représente un bon vieillard assis sur une roche au bas d'un ancien monument, vêtu d'une casaque et jouant du chalumeau. Une petite fille debout près de lui l'écoute avec attention ; une autre un peu plus grande, à sa gauche, tient des légumes dans son tablier; une vieille femme debout semble écouter également avec plaisir le son de cet instrument ; à quelque distance, un jeune pâtre conduit aux champs des animaux. Plus loin, dans la campagne, on distingue un troupeau de chèvres et de moutons qui suivent un chemin. Ce tableau, d'un coloris vigoureux et plein de naïveté, est un des plus beaux de ce maître.

Larg., 22 pouces; haut., 18 pouces. T.

Même vente.

Le Nain. — Au milieu d'une habitation rustique, on voit nombre d'ustensiles de ménage groupés autour d'une fontaine en cuivre ; dans le fond à droite, deux ménagères et un petit garçon devant le feu. Ce tableau n'est pas moins beau dans son genre que le précédent.

Larg., 11 pouces; haut., 15 pouces. B.

Vente des 1er et 2 avril 1822, par Henry.

Le Nain. — La richesse de la composition, l'expression des figures, la vérité du coloris, font de ce tableau une des productions les plus remarquables et les plus intéressantes de ce maître.

Vendu 125 fr.

Cabinet Miron, par Henri Paris, 1823.

Sur le devant d'une grande ferme, on remarque avec plaisir une jeune fermière de bonne mine présentant le sein à son jeune enfant à qui une petite fille présente une grappe de raisin, tandis qu'un garçon de ferme lui apporte une jatte de lait. Un troupeau de vaches, de moutons et de chèvres vient de sortir de l'étable pour aller aux champs ; des poules, des canards, des pigeons couvrent la surface du terrain et annoncent l'abondance. Ton clair et brillant. Chef-d'œuvre de cet artiste.

Haut., 15 pouces; larg., 21 pouces. T.

Catalogue du cabinet de S. E. le lieutenant général comte de Waltersdorff, ministre plénipotentiaire de Danemarck près la cour de France, par Laneuville. Paris, 1824.

Près d'une maison rustique, une famille de paysans prend son repas sur un tonneau. On remarque la mère qui, s'apercevant que son mari s'endort, fait signe aux enfants de ne pas faire de bruit. Dans le fond, on distingue une femme qui tire de l'eau dans un puits. Des assiettes, une bouteille d'osier et autres accessoires ornent ce tableau qui est d'une harmonie parfaite et du coloris le plus brillant.

Larg., 21 pouces; haut., 16 pouces. T.

« Description des objets d'art qui composent le cabinet de M. le baron Denon ; tableaux, dessins et miniatures, par Pérignon. Paris, 1826.

Nain (Le), mort en 1648. — Près d'un puits et de quelques monuments en ruines, une famille de villageois groupés autour d'un tonneau et qui viennent d'achever leur repas. On remarque aussi une vieille arrivant avec une chèvre. L'horizon terminé par des montagnes frappées du soleil couchant.

Vérité parfaite.

Larg., 21 pouces et demi; haut., 18 pouces. T.

Vendu 315 fr.

Même vente.

Le Nain. — Dans une grande chambre basse, près d'une large cheminée, une femme assise tenant un enfant sur ses genoux. Son mari est à côté d'elle. Au deuxième plan, à gauche, dans l'embrasure d'une porte, une jeune fille qui arrive ayant un seau au bras. Un chien, un chat, divers ustensiles de ménage et quelques légumes. Simplicité remarquable.

Manière large.

Larg., 29 pouces et demi; haut., 20 pouces. T.

Lithographié.

Vendu 181 fr.

Catalogue..., baron Tardif, maréchal de camp... Pérignon, expert, 1827.

Le Nain (attribué à). — Une vieille femme, d'une figure expressive, tenant d'une main un coq d'Inde, de l'autre une pièce de monnaie ; elle est représentée à mi-corps et de grandeur naturelle.

Haut., 30 pouces; larg., 28 pouces. T.

Vente de la galerie de M. R..., 25 avril 1827. Henry, expert.

Le Nain. — Voici encore un peintre français digne d'éloges, et que l'on pourrait, sous plus d'un rapport, appeler le Greuze du siècle de Louis XIV. Il avait deux frères qui ont suivi sa manière, mais avec beaucoup moins de succès; ce qui fait que, pour le distinguer des autres, on le nomme le bon Le Nain. Il traitait presque tous les genres, et même l'histoire. Nous citerons à l'appui de notre opinion la *Procession des Evêques*, du Musée royal, tableau véritablement remarquable, et la elle *Forge* également au Musée. Nous citerons encore les deux

Gibiers de notre collection, digne des pinceaux des premiers auteurs flamands. Nous osons nous flatter que ces deux charmans tableaux, à la fois rares et curieux, causeront une agréable surprise aux amateurs des productions distinguées d'un peintre de notre école qui fut savant, laborieux et varié dans ses ouvrages. Il excellait surtout dans les scènes villageoises.

La marchande de volailles et de gibier, près d'un étal sur lequel on remarque deux coqs vivants, quelques autres volailles accrochées et un lièvre mort; une jeune femme au minois agaçant, au gentil corsage, paraît offrir à quelque galant amateur deux belles perdrix, dont elle fait remarquer la délicatesse et la fraîcheur.

Même vente.

Le Nain. — Le pendant du précédent tableau : sujet du même genre, mais offrant, au lieu d'une femme, un jeune pourvoyeur au regard malicieux, portant sur son dos un poulet d'Inde vivant, accroché par les pattes à un bâton; il s'approche d'un étal couvert de différentes pièces de gibier, qu'il paraît marchander. Pendant ce temps un chien, poursuivant un chat qui se réfugie dans un panier d'œufs, égaye le bas du tableau.

Ces deux productions rivalisent avec tout ce qu'ont produit dans ce genre les maîtres les plus réputés, et elles sont aussi remarquables par leur mérite réel que par leur extrême rareté.

Larg., 52 pouces; haut., 41 pouces. T.

(Il est dit dans la préface que le catalogue a été rédigé par M. R..., propriétaire de la collection).

Catalogue B..., par Henry. Vente les 21 et 22 mai 1828.

Le Nain (Louis). — La naïveté, la vérité du coloris, l'exécution la plus suave, font le mérite de ce tableau.

Il représente, autour d'une table et à la clarté d'une bougie, six militaires diversement vêtus, et la plupart ayant la pipe à la bouche ou à la main. Un joueur de guitare charme leurs loisirs; un valet nègre attend leurs ordres.

Haut., 19 pouces; larg., 25 pouces. T.

Cabinet Francillon, par Henry. 1829.

Le Nain (Louis). — Le petit musicien. Un jeune mendiant jouant d'une espèce de hautbois excite l'attention d'une laitière et d'un paysan.

Celui-ci est assis sur une pierre et tient le licou de son cheval. La laitière, debout, a son pot au lait sur la tête.

Haut., 20 pouces ; larg., 24 pouces. T.

Tous les connaisseurs conviendront avec nous que ce tableau est un des bons ouvrages de l'auteur. La composition en est naïve, comme toutes celles de Le Nain. Les figures sont d'un relief étonnant.

Catalogue L..., par Roehn. Vente les 24, 25, 26 et 27 septembre 1832.

Le Nain. — Les forges de Vulcain ; tableau d'une belle exécution

Catalogue de tableaux anciens, ... composant le Musée Dioclétien, formé par M. le colonel Bernardini, dont la vente aura lieu le 10 décembre et jours suivants. Ch. Paillet, peintre, expert. 1832.

Le Nain. — Réunion de trois figures.
Toile.

Catalogue Casimir Perrier par Laneuville. 1838.

Le Nain. — Deux jeunes garçons et une jeune fille entourant un tonneau sur lequel est un casque qui sert de timbales à la jeune fille ; les deux garçons jouent, l'un du violon, et l'autre d'une espèce de tambourin.

Cette grotesque composition est d'une belle couleur et de la belle qualité du maître.

Catalogue Edouard Barré, par Georges. 1838.

Le Nain. — Deux portefaix et deux enfants sont arrêtés au coin d'une rue auprès d'une vieille femme qui vend du pain et de l'eau-de-vie ; un autre enfant arrange quelque chose dans une charrette.

Cabinet de M. G. Paris, 1844.

Le Nain frères (Louis et Antoine), vers 1593-1648. — Personnages visitant une tombe monumentale ; effet de lumière comparable au n° 112 du Musée.

Haut., 1 m. 09 ; larg., 0 m. 78. T.

Vente des 20, 21 et 22 février 1843, par Gérard.

Le Nain. — Villageois à table devant leur habitation, entourée de bestiaux et d'ustensiles aratoires.

Catalogue de 100 tableaux... dont la vente aura lieu les 15 et 16 novembre 1844... Swagers, peintre-expert.
Le Nain. — Les petits danseurs.
Les figures, remplies d'expression et de savoir, seront appréciées des véritables connaisseurs.

Catalogue Malberte, par Théret. 1844.
Le Nain. — Bohémienne et son enfant.
Toile.

Catalogue raisonné de la galerie du cardinal Fesch, par M. George. Rome, 1844.
Le Nain (Louis), né à Laon en 1583, mort en 1648. Maître inconnu.
Scène de corps de garde.
Haut., 3 pieds 7 pouces 9 lignes; larg., 4 pieds 2 pouces, 9 lignes. T.

Au milieu d'un corps de garde qu'éclaire une seule chandelle placée sur une table ronde couverte d'un tapis rouge, six militaires se trouvent réunis. Le plus en avant, assis sur un escabeau devant la table, est un jeune homme de vingt ans à la tournure élégante, au visage martial, et dont la tête, ornée de beaux cheveux châtains qui tombent à flots sur ses épaules, est couverte d'un chapeau gris à larges bords, ombragé par des plumes de diverses couleurs; sa main gauche, placée sur sa hanche, imprime à son manteau rouge un mouvement qui ajoute au chevaleresque de son maintien. Derrière lui et debout se tient un grand nègre dont les yeux, ressortant sur le fond d'ébène de sa figure, se tournent vers le spectateur. En face du jeune militaire, un de ses compagnons, également assis et enveloppé d'un long manteau vert foncé, s'est laissé tomber sur la table où il dort, la tête appuyée sur ses coudes. Les quatre autres personnages, à l'exception d'un seul, sont coiffés de larges chapeaux gris, trois d'entre eux s'amusent à fumer. Tous ont une prestance pleine de noblesse et de fierté. Au fond du corps de garde, un septième militaire assis sur un escabeau renversé se chauffe devant un feu qui brille sous la cheminée. Les costumes de nos jeunes chevaliers se rapportent au temps de Louis XIII; ils sont cossus, pleins d'élégance et du bon ton qui caractérise cette époque.

L'effet de cette scène est à la fois juste et piquant, et chacun des personnages se fait admirer par un naturel parfait. Si, d'un côté, la fermeté du pinceau bien accusé annonce une exécution savante, de l'autre, la puissance et la vérité de la couleur sont bien propres à relever le mérite de cette production. Louis Le Nain peignait l'histoire ; mais si l'on prend la peine de considérer son talent sous son véritable point de vue, si surtout l'on fait attention à la belle simplicité de ses compositions dans les scènes familières et au grand effet qu'elles produisent, on trouvera sa véritable place parmi les meilleurs peintres de genre de l'école flamande.

Adjugé à 86 écus romains (473 fr.).

Même vente.

Le Nain (Antoine), frère du précédent, né à Laon en 1585, mort en 1648 ; maître inconnu. — Le mangeur d'huîtres.

Haut., 3 pieds 4 lign. ; larg., 2 pieds 9 pouces. T.

Des huîtres fraîches, du pâté, des radis et du vin blanc ont fait et feront de tout temps l'ornement d'une table, les délices des gourmands et le fond d'un excellent déjeuner : ainsi pense le jeune gastronome que nous avons sous les yeux. Assis devant sa table, en face de son verre à demi plein, une huître dans une main et un morceau de pâté dans l'autre, il procède lentement et avec suite à son œuvre, afin de mieux donner à son palais le temps de savourer chaque chose. Outre les mets dont nous venons de parler et qui sont placés dans des plats d'argent sur la table, d'ailleurs assez négligemment couverte d'une nappe blanche par-dessus un tapis rouge, on aime encore à voir le service se compléter d'un grand pot d'étain qui a pour auxiliaire une bouteille d'osier. La mise de notre homme est simple et sans apprêt : un habit gris à basques et à larges parements, relevés de manière à faire voir les fronces de sa chemise, monte en se boutonnant jusqu'à son cou ; il s'y rencontre avec un petit rabat blanc et deux masses de cheveux bruns qui encadrent admirablement sa grosse figure rose, où brillent deux yeux noirs d'une limpidité parfaite.

Nous n'aurions rien dit si nous ne parlions de la vérité et du coloris de ce tableau : l'une se fait admirer dans l'expression et dans l'attitude du jeune homme ; l'autre brille dans le bel incarnat de sa physionomie et lui donne cette fraîcheur juvénile qui attire toujours si agréablement les regards.

Adjugé à 115 écus (632 fr. 50 c.).

Même vente.

Le Nain. — Les pèlerins d'Emmaüs.

Adjugé à 57 écus (313 fr. 50).

Galerie Buchy, vendue place de la Bourse, novembre 1849, par Durand, commissaire-priseur.

Le Nain. — La main chaude. — La danse

Catalogue des tableaux de Mme Pinel-Grandchamp, vendus le 13 mars 1850, hôtel des Jeûneurs

Le Nain. — Sujet familier. Composition de cinq figures, dont à droite un paysan et sa femme à table ; à gauche, deux jeunes filles et un jeune garçon jouant de la flûte.

Même vente.

Le Nain. — Le repos après le repas. Composition de sept figures dans un intérieur.

Vente de tableaux de M. le comte de N***, rue des Jeûneurs, les lundi 24 et mardi 25 mars 1851. Ridel, commissaire-priseur, Laneuville, expert.

Le Nain. — La partie de cartes.

Vente de tableaux provenant du cabinet d'un amateur, le lundi 16 février 1852. Bonnefonds de Lavialle, Febvre app.

Le Nain (signé 1641). — Intérieur de corps de garde.

Un soldat debout devant la cheminée déguste du vin ; ses camarades le consultent sur la bonté du liquide. Un autre soldat dort sur une chaise, tandis que de petits mendiants jouent aux cartes.

Les amateurs intelligents qui ont contribué à réhabiliter la mémoire des Chardin, des Géricault et autres, verront avec plaisir cette œuvre remarquable, digne de figurer dans un musée.

Vendu 600 fr.

Vente de M. Rollin, avocat à Lyon, vendredi 1er et samedi 2 avril 1853.

L'Étameur ambulant.

Vente de M. Dugleri, lundi 31 janvier 1853.

De petits marchands de volailles se reposent en faisant une partie de cartes.

Hauteur, 1 m. 11 ; largeur, 0 m. 87 c.

2°

Tableaux religieux.

Vente de M. R***, 13 janvier 1778. Paillet, expert.
Le Nain. — Les œuvres de miséricorde, représentées sous divers sujets. Deux tableaux faisant pendants.
Hauteur, 1 pied 5 po.; largeur, 1 pied 8 po. Toile.

Même vente.
Le Nain. — *L'Adoration des Bergers.* Composition de seize figures.
Haut., 1 pied 7 pouces; larg., 1 pied 11 pouces. T.

Vente à l'hôtel d'Aligre, 18 novembre 1776. Paillet, expert.
Le Nain. — Tableau représentant Jésus dans la crèche, adoré par les bergers; la Vierge est à genoux près de lui, et saint Joseph, assis à côté d'elle, tient son bâton d'une main et de l'autre son chapeau bas.
Larg., 30 pouces; haut., 22 pouces.

Vente à l'hôtel d'Aligre, le 30 novembre 1778.
Le Nain. — *L'Adoration des Bergers.* Composition de seize figures, et chacune rendue avec la plus grande vérité.
Haut., 19 pouces; larg., 23 pouces.

Vente abbé de Gévigney, 1er décembre 1779. Paillet, expert.
Ant. Le Nain. — Les bergers adorant l'enfant Jésus dans la crèche et apportant leurs présents : à la gauche de cette composition, on voit sur un nuage l'ange qui annonce aux bergers la naissance du Messie.
Ce tableau, du plus grand effet, est rempli de caractère; il peut être regardé comme un de ceux où le peintre a porté son art au plus haut degré de perfection.
Haut., 27 pouces; larg., 35. T.
Vendu 800 fr.

Catalogue de tableaux de M..., vendu le 12 janvier 1780, à l'hôtel de Bullion. Le Brun, expert.
Le Nain. — La Vierge assise, tenant sur elle l'enfant Jésus; saint Joseph est derrière elle. Sainte Élisabeth à genoux lui présente le petit saint Jean. A quelque distance, sur le second plan, sont deux anges.

Le fond offre un monument d'architecture et un ciel obscurci par des nuages.

Haut., 10 pouces; larg., 13 pouces. B.

Vente hôtel Bullion, 30 janvier 1782. Paillet, expert.

Le Nain père (école des Pays-Bas). — *L'Adoration des Bergers.* Ce tableau, dont les figures sont de proportion naturelle, est d'une grande fermeté de touche et du ton de couleur le plus vigoureux.

Il est peint dans le style italien.

Haut., 14 pouces; larg., 45 pouces. T.

Vendu 92 fr.

Vente du cabinet de M..., faubourg Saint-Honoré, le 31 décembre 1783. Pierre Rémy, expert.

Le Nain. — *L'Adoration des Bergers.* On compte dans ce sujet onze figures, non compris plusieurs qui sont dans l'éloignement.

Ce tableau de mérite est peint sur toile.

Haut., 2 pieds 2 pouces; larg., 2 pieds 10 pouces.

Vente de M. de Peters, le 5 novembre 1787, rue de Cléry. Le Brun, expert.

Le Nain. — Notre-Seigneur à table avec les pèlerins d'Emmaüs, figures plus qu'à mi-corps, de proportion naturelle.

Ce tableau peint par le bon Nain, est vigoureux de coloris; Il a un mérite distingué

Haut., 2 pieds 1 pouce; larg., 4 pieds 2 pouces. T.

Vente Lenglier, 10 mars 1788, salle Cléry. Le Brun, expert.

Le Nain. — Jésus-Christ dans le temple au milieu des docteurs de la loi.

Ce tableau, d'un ton argentin, est d'une belle couleur et composé de neuf figures

Haut., 30 pouces; larg., 24 pouces. T.

Vendu 80 liv.

Même vente.

Le Nain. — *Mise au Tombeau.* Composition de neuf figures.

Vendu 599 livres 19.

Vente à l'hôtel Bullion, 26 mars 1788, Folliot expert.

Le Nain. — *L'Adoration des Bergers.* Belle et riche composition. La Sainte Famille occupe la gauche du tableau et de l'autre on voit les pasteurs dont plusieurs sont en état d'adoration.

Cette production joint à une couleur brillante une belle conservation.
Haut., 34 pouces; larg., 26 pouces. T.

Cabinet de Calonne, vendu le 21 avril 1788, salle Cléry. Le Brun, expert.

Le Nain. — Un beau tableau de ce maître représentant *les Quatre Evangélistes inspirés par le Saint-Esprit.*

Cette composition réunit à la beauté du style l'exécution et la rareté. Tout le monde sait que ce célèbre peintre a plus souvent traité des scènes burlesques que des sujets nobles.
Haut., 15 pouces; larg., 20 pouces. T.
Vendu 183 livres.

Vente Parizeau, 26 mars 1789. Paillet, expert.

Le Nain. — Le sujet de *l'Adoration des Bergers*, composition très-riche et rendue avec une vérité de nature la plus frappante.
Haut., 26 pouces; larg., 32 pouces. T.

Vente de M. du C..., rue de Cléry, 30 avril 1791. Le Brun, expert.

Le Nain. — Notre-Seigneur à table avec les pèlerins d'Emmaüs, figures plus qu'à mi-corps, de proportions naturelles.
Haut., 2 pieds 1 pouce; larg., 4 pieds 2 pouces. T.

Vente Donjeux. Le Brun et Paillet, experts. Paris, 1793.

Christ au Tombeau. Les saintes femmes et Joseph d'Arimathie président aux funérailles.

Composition de neuf figures. Style noble, dessin correct, extraordinaire pour ce maître.
Haut., 30 pouces; larg., 43 pouces. T.

Catalogue de tableaux dont la vente se fera le lundi 25 mars. Paris, Soubert, expert. 1793.

Le Nain. — Une *Adoration des Bergers*, composition de neuf figures et deux anges dans une gloire. Ce tableau est d'une grande finesse et un des beaux de ce maître dans ce genre.
Haut., 20 pouces; larg., 25 pouces. T.

Catalogue anonyme. Paris, 1795. Rédigé par Clisorius.

Le Nain. — *L'Adoration des Bergers*, bien peint et d'une belle couleur, bonne production de ce maître.
Haut., 30 pouces; larg., 42 pouces. T.

Même vente.

Le Nain. — *Les Pèlerins d'Emmaüs.*

Riche composition, expressions vraies et d'une belle couleur.

Haut., 48 pouces; larg., 60 pouces. T.

Vente du 19 germinal an VII, rue Cléry. Le Brun, expert.

Le Nain. — *Les Pèlerins d'Emmaüs*, composition de plusieurs figures.

Petit tableau d'une belle couleur et du beau faire de ce maître.

Vente Le Brun, rue du Gros-Chenêt, 26 septembre 1806. Le Brun, expert.

Le Nain, 1643 (1). — *La Madeleine dans le désert*, assise à terre en contemplation devant le crucifix, figure de proportion naturelle.

Il est difficile de voir rien de plus vrai et d'un plus bel effet.

Haut., 39 pouces; larg., 50 pouces. T.

Vente Solirène, 11 mars 1812.

Le Nain. — *Jésus au Tombeau.*

Vente le 3 octobre 1814, hôtel Bullion. Delaroche, expert.

Le Nain (style de). — *Le bon Samaritain* aide le malheureux qu'il a rencontré et secouru à monter sur sa mule.

Outre le mérite de la couleur et de l'exécution, ce tableau offre une singularité remarquable. Son auteur n'a pas cru pouvoir mieux peindre le caractère de bonté et de charité du Samaritain qu'en lui donnant les traits chéris du bon Henri IV.

Haut., 44 pouces; larg., 34 pouces. T.

Vente Perrier, 14 février 1815. Paillet, expert.

Le Nain. — *L'Adoration des Bergers.*

Tableau d'une bonne exécution.

Toile.

Vente du cabinet Edon, par Elie. 1816.

Le Nain. — *Sujet du repos en Egypte.*

Toile.

Catalogue de tableaux composant le cabinet de M. M..., musicien de la chapelle du roi, vente les 25 et 26 janvier 1819. Paris, George, expert.

Le Nain. — *La Sainte-Famille.*

(1) Ce chiffre, donné par Le Brun, indique sans doute que le tableau était signé et daté.

Notice des tableaux de M. Vallée Desnoyers, ancien avocat, Delaroche, expert. Paris, 1819.

Le Nain. — Le sujet des pèlerins d'Emmaüs, composition de neuf figures. Le peintre a saisi le moment de la fraction du pain, et où Jésus-Christ est reconnu par ses hôtes, dont la surprise et le respect se manifestent par leurs différentes expressions et attitudes

Tableau dont l'exécution large et facile répond à la beauté du coloris. Haut., 17 pouces ; larg., 20 pouces. B.

Vendu 50 fr.

Catalogue du comte de Spar, par Paillet (Ch.), 1819.

Loth et ses filles. Style du Nain.

Catalogue anonyme par Laneuville. Paris, 1824.

Le Nain. — Jésus-Christ descendu de la croix et prêt à être enseveli. Près de lui la Vierge et la Madeleine, ayant les mains jointes, sont dans l'affliction. A côté d'eux est saint Jean. Grande force de couleur, digne de l'école italienne.

Haut., 22 pouces ; larg., 27 pouces. T.

Catalogue du cabinet de Ferreol Bonnemaison, par Henry. Paris, 1827.

Le Nain (Louis). — Jésus-Christ à Emmaüs.

Cléophas et Luca, disciples de Notre-Seigneur, se sont mis à table avec lui sans le connaître ; mais au moment où il rompt le pain et le bénit en levant les yeux au ciel, ce n'est plus un voyageur inconnu qu'ils voient, c'est Jésus de Nazareth, leur divin maître, dont la présence les pénètre subitement de surprise et de vénération.

La scène se passe aux flambeaux, l'effet en est vrai, et chaque personnage nous paraît plus animé, plus expressif que dans la plupart des ouvrages de cet auteur.

Louis Le Nain et ses deux frères méritent une place parmi les coloristes ; mais ils ont souvent manqué de goût dans le choix de leurs sujets.

Haut., 1 m. 50 c. ; larg , 1 m. 60 c. B.

Catalogue de la vente des 19, 20 et 21 mars 1833, par Roux, (du Cantal).

Le Nain. — *L'Adoration des Bergers.*

La Vierge est en adoration devant son divin fils ; un ange est auprèsd'elle; derrière est une vieille paysanne, debout et les mains levées au ciel ; de pauvres bergers, couverts de haillons recousus, sont à genoux. Par une ouverture de la ruine, on découvre un bout de paysage et l'annonce aux bergers.

Nous ne connaissons pas de Le Nain un tableau plus riche, et où l'imitation parfaite de la nature soit plus naïvement représentée.

Catalogue Warneck, par George. 1811.

Nain (école de Le). — *Repos de la sainte Famille.* La Vierge tient sur ses genoux l'enfant Jésus ; saint Jean s'approche pour embrasser le pied du Sauveur ; derrière est saint Joseph, la main appuyée sur un livre.

3°

Portraits.

Vente feu Marin, 22 mars 1790. Le Brun, expert.

Le Nain. — Une tête de femme, vue de trois quarts, ajustée d'une robe noire et collerette blanche.

Haut., 22 po.; larg., 17 po.

Catalogue du cabinet de M. Le Brun. Paris, 1791.

Le Nain. — Un jeune Hollandais, vu de face, de grandeur naturelle et à mi-corps, enveloppé d'un manteau à l'espagnole, portant une large et grande fraise au cou. Il semble indiquer quelque chose de la main droite. Ce tableau, qui porte l'empreinte de la vérité qu'il a mise dans tous ses ouvrages, est d'une proportion rare à rencontrer.

Hauteur, 24 pouces; largeur, 22 pouces. T.

Cabinet Choiseul-Praslin, par Paillet. 1793.

Le Nain. — Le portrait d'un jeune garçon vu de trois quarts et coiffé en cheveux plats, ajusté d'un corsage dans le costume du temps. Grand caractère de vérité.

Hauteur, 13 po.; largeur, 9 po. B.

Vente du citoyen Destouches, 21 mars 1794, salle Cléry. L. Brun, expert.

Un bon tableau par le Nain, représentant un jeune garçon vu corps dans des vêtements gris et tenant une palette.

Tableau de forme ovale.

Haut., 20 pouces ; larg., 15 pouces. T.

Vente Lebrun, 26 septembre 1806.

Le Nain. — Le portrait d'un cardinal vu presque de face, la tête couverte de son chapeau rouge, avec collet blanc et vêtu de son camail.

Cette tête admirable est d'une vérité surprenante et d'une délicatesse de pinceau qui ne laisse rien à désirer.

Haut., 30 lignes; larg., 24 lignes. Sur cuivre, de forme ovale.

Catalogue des tableaux composant le cabinet de feu M. Quentin Crawfurd, novembre 1820.

Trois portraits de Le Nain :

1º Antoine *Coiffier d'Effiat*, maréchal de France, père du marquis de *Cinq-Mars*; il est représenté jusqu'aux genoux dans un riche habillement militaire, d'étoffe à fleurs, ayant un baudrier brodé en or par dessus, la main gauche appuyée sur un casque et tenant de la droite le bâton de maréchal de France. Portrait d'une belle couleur et précieux dans ses détails.

Hauteur, 44 p.; largeur, 40 p. T.

Même vente.

Le Nain. — 2º Portrait en pied du marquis de *Cinq-Mars* décapité sous Louis XIII, le 12 septembre 1642, à 22 ans; il est représenté debout, la main gauche appuyée sur une petite canne, et le bras droit sur la hanche. Son costume est celui du temps, avec longue culotte à frange et petite veste dont les manches sont ouvertes.

On voit sur sa poitrine un baudrier auquel est attachée son épée. On remarque encore à ses pieds toutes les parties de sa cuirasse. Morceau historique très-intéressant, et digne de décorer les hauts d'une galerie autant par l'énergie de la touche que par le brillant de la couleur.

Hauteur, 63 p.; largeur, 36 p. T.

Même vente.

Le Nain. — 3º Portrait à mi-corps de P. *Bruslard*, marquis de *Puysieulx*, secrétaire d'État sous Louis XIII, mort en 1640, à 57 ans. Son vêtement est composé d'une robe noire avec rabat de batiste et dentelle, d'où se détache son cordon bleu.

Dans la collection des 119 portraits formant le cabinet Le Noir, acheté par le duc de Sutherland, en 1838.

Charles Rivière du Fresny (1648-1724), par Le Nain.

4°

Dessins.

Cabinet de M. Nourri, conseiller au grand conseil, rédigé par J. Folliot et F. De Lalande. Paris, 1785.

Le Nain. — Un jeune homme qui dessine et à côté de lui deux femmes cousant à la lueur d'un flambeau.

Esquisse.

Même vente.

Le Nain. — Quatre feuilles d'étude spirituellement faite au bistre, à la pierre noire et au crayon blanc, dont un homme qui joue du violon.

Vente de M. J.-B. H., 20 mars 1810, rue des Bons-Enfants, De Lalande, expert.

Louis Le Nain. — Une famille de paysans ; étude à la mine de plomb, par Le Nain.

Vendu avec sept autres dessins 4 fr. 50.

Catalogue de dessins de l'étranger, provenant du cabinet de M..., 30 novembre 1785. Le Brun, expert.

Le Nain. — Un dessin aux trois crayons, représentant une femme et deux enfants.

Haut., 8 po.; larg., 5 po.

Vente de dessins à la salle Bullion, 2 avril 1787. Constantin, expert.

Le Nain. — *L'Adoration des Bergers*, dessin à la manière noire, sur papier gris.

Les dessins de ce maître sont très-rares.

Haut., 10 p. 1/2; larg., 8 p. 1/2.

Vente de dessins de M. le baron de S. J., avril 1788, salle Cléry. Le Brun, expert.

Dans le n° 140 du catalogue, on trouve un dessin de *Le Nain* au milieu d'un lot de dessins de Stella, La Rue, Moreau et autres.

Vente de M. Sylvestre, 1810.

Dessins par les deux Nain. Cinq études de figures, têtes et draperies. (Dans un lot de vingt-deux dessins d'autres maîtres.)

Cabinet de Johan Conrad Spengler, vendu à Copenhague en 1839.

Le Nain. — Figure académique sur papier bleuâtre à la pierre noire rehaussé de bleu. Grand in-folio.

Catalogue de dessins des grands maîtres, provenant du cabinet de M. Villenave, rédigé par T. Thoré. Paris. Alliance des arts. 1842.

Le Nain (Antoine) l'aîné, né en 1588, et Louis, le jeune, né en 1593, morts tous deux à Laon en 1648. Ces deux frères travaillaient le plus souvent ensemble et avec leur frère Mathieu.

Le Nain. — *Une halte;* une femme allaitant son enfant, un petit garçon qui porte un panier, un homme, deux chevaux et un chien sont arrêtés près d'une fontaine ombragée de grands arbres. Trois personnages sont assis au second plan. Magnifique dessin au crayon rouge rehaussé de blanc.

Hauteur, 40 pouces; largeur, 28 pouces.

Même vente.

Le Nain. — Etude de femme assise sur une chaise. Au crayon noir. Au dos est écrit: Collection Crozat. Nourri. — Joubert et Lempereur.

Haut., 29 pouces; larg., 21 p.

Même vente.

Le Nain. — Servante portant une lanterne. Effet de lumière. Au crayon noir et à l'estompe sur papier bleu.

Hauteur, 21 pouces; largeur, 18 pouces.

Catalogue Delbecq, de Gand. Dessins par T. Thoré. 1845.

Le Nain (l'un des frères). — Deux jeunes paysans, l'un assis, l'autre debout.

Etude d'après nature.

5°

Gravures d'après Le Nain.

La Surprise du vin; les Tendres adieux de la laitière; la Fête bachique; l'Ecole champêtre; graveur Jean Daullé.

La Villageoise à la fontaine et le Villageois satisfait; graveur Levasseur. Ces deux gravures, quoique portant le nom de Le Nain, ne me paraissent pas de ce maître.

Le Bénédicité flamand ; gr. Elisabeth Cousinet.

Le Vieillard complaisant ; gr. Saint-Maurice. Je possède trois états différents de cette planche. 1° *Le Nain pinxit. Saint-Maurice sculpebat. Parisan excudit, C. P. R.* — 2° *Le Nain pinxit. Saint-Maurice sculpebat. Basset, l'aisné.* — 3° *Le Nain pinxit. Saint-Maurice sculpebat* avec ce titre en grec : *eutucheis oi autarxeis*.

Le Voleur pris ; gr. Elluin.

Le Marchand de cornes ; gr. Hubert. Ne doit pas être de Le Nain.

Le Maréchal ; gr. Wiesbrod. 1771.

Le Maréchal ; gr. Boissieu neveu. Eau-forte avant la lettre. Excessivement rare.

Le Maréchal ; gr. Levasseur.

Le Maréchal ; gr. Massard père. Gravure sur acier.

Le Maréchal ; gr. Queverdo.

Le Maréchal ; gr. J Lara. 185. Cuivre. *Ruche parisienne.*

Le Maréchal ; gr. Girardet. 184 *Magasin universel.* Cuivre.

Le Maréchal ; ... 1850. *Musée des familles.*

Le Maréchal ; gr. Pisan. 1850. *Histoire des peintres*, par Ch. Blanc. Tête de lettre, sur bois.

Le Maréchal ; gr. Tamisier. 1850. Epreuve *unique* d'une gravure sur bois, non publiée.

Un repas de famille ; gr. Wiesbrod. 1771. Eau-forte de la *Galerie Choiseul.*

Un repas de famille ; gr. Pisan. 1850. *Histoire des peintres*, par Ch. Blanc. Sur bois.

Un repas de famille ; gr. Best-Hottelin-Regnier. 1850. *Magasin pittoresque.* Gravure sur bois.

Un repas de famille ; gr. Cousinet.

Ferme flamande ; gr Jean-Baptiste Michel.

La Fiancée normande ; gr. Le Bas. Belle estampe très-rare.

Les Orphelins de la paroisse ; William Bailly. Londres. Gravure à la manière noire. Très-rare.

The dancing Children (Danse d'enfants) ; gr. Bannerman.

(Sans titre) Sujet des Tendres adieux de la laitière ; (sans titre) Sujet de l'Ecole champêtre ; gr. François Pedro. Estampes italiennes, rares, publiées à Venise.

Une assemblée ; gr. François Pedro. Je n'ai vu nulle part cette estampe signalée par les rédacteurs de catalogues.

Vive le roi! lith. par Schultze (Le tableau n'est pas de Le Nain).

Intérieur d'une maison de paysans; lith. par Mauzaisse. Lithographie tirée du *Cabinet Denon*.

Proemium hollandicum; gr. J. Mitchel.

Des Bohémiens volant des buveurs; gr. Tardieu. Je ne connais pas cette estampe.

Deux jeunes garçons et une jeune fille vus à mi-corps et jouant aux cartes; gr. anonyme. Il m'a été impossible de me procurer cette estampe ainsi que la suivante.

Deux hommes et deux femmes assis autour d'une table; gr. anonyme.

Interiore di una capanna; gr. Ang. Testa.

Portrait de Cinq-Mars; gr. Grevedon. Lithographie tirée de la *Galerie du Palais-Royal*.

Portrait de Cinq-Mars; gr. Langlois. *Galeries de Versailles*. Edition Gavard.

Portrait de Cinq-Mars; *Galeries de Versailles*. Edition Furne.

Portrait de Le Nain; gr. Bonvin. 1850. *Essai sur la vie et l'œuvre de Le Nain*, par Champfleury. In-8°.

Portrait de Le Nain; gr. Best-Regnier. *Magasin pittoresque*, 1850.

Le Corps de garde. *Histoire des peintres*, par Ch. Blanc.

Le vieux Joueur de fifre; gr. Pontenier.

Deux femmes assises; gr. Parent. D'après le dessin de Le Nain du Louvre. *Gazette des Beaux-Arts*, 1860.

Le petit Musicien; les Moissonneurs; gr. Sotain. *Gazette des Beaux-Arts*.

La Nativité; gr. Flameng. Eau-forte d'après le tableau de Saint-Etienne-du-Mont. *Gazette des Beaux-Arts*. 1860.

La Fête bachique;... Gravure sur cuivre. *Ruche parisienne*.

NOTE II.

ACTE DE VENTE TROUVÉ DANS LES ARCHIVES DE LA VILLE DE LAON.

« Par contrat du 19 octobre 1668, reçu par Lemaître, notaire à Paris, et intimé à Laon le 30 avril 1669, Antoine Lenain, sieur de la Campignolle, demeurant à Paris, faubourg Saint-Germain, rue Honoré, donne à son frère Etienne Lenain, demeurant rue du Batoir (St-Cosme paroisse), les meubles et immeubles qui leur avoient été donnés par Mathieu Lenain sieur de la Jumelle, leur oncle, par contrat reçu par ledit Lemaître, le 18 octobre 1668. »

Ce court document loin de jeter quelque lumière sur la biographie des frères Le Nain, ne fait au contraire qu'accroître les incertitudes qui naissent à chaque nouveau pas qu'on fait dans la vie des peintres laonnois.

Ces Le Nain sont-ils nos peintres? Ils sont *trois* comme les *trois* peintres, et deux d'entre eux portent des prénoms, ceux d'*Antoine* et de *Mathieu*, qui ont appartenu à deux des peintres laonnois.

Il ne me restait qu'à découvrir le notaire qui avait traité de la charge de maître Lemaître, et essayer de retrouver des titres de vente plus complets que la minute des archives de Laon. Des titres complets pouvaient signaler la profession des donataires; le notaire actuel, Me Defresne, 8, rue de l'Université, a bien trouvé l'indication de ces actes; mais il a été impossible de retrouver les actes.

NOTE IIIe.

« Par le costume, les Le Nain sont souvent Flamands, » ai-je dit page 13 et ailleurs encore. C'est une erreur de ma part; le costume parisien sous Louis XIII ressemblait au costume flamand, et les paysans de la Picardie s'habillaient, sauf quelques variantes, comme ceux des environs d'Anvers. Comparer les précieuses gravures d'Abraham Bosse et les tableaux de Teniers.

NOTE IV.

Le Musée de Laon possède actuellement un portrait peint par Le Nain et daté de 1643. Il n'est pas sans certaines analogies de sobre facture avec le portrait du Musée du Puy. Quel est le personnage? On l'ignore; sa jeunesse, son costume modeste, éloignent toute idée de personnage marquant. Par la facture, ce portrait se rapproche de l'école flamande. Dans une matière aussi délicate, tout devient sujet à conjectures; quand bien même la date ne correspondrait pas aux dernières années de la vie des deux frères, l'harmonie de la peinture suffirait à classer ce portrait parmi les œuvres intéressantes des Le Nain.

NOTE V.

Le Congrès des Antiquaires de la Picardie qui se tint à Laon, en 1859, avait proposé la question suivante :

« Que sait-on d'incontestable de la vie et des œuvres des trois frères Le Nain ? »

Personne ne répondit. Le livre actuel est la réponse.

ERRATA.

Page 18. — « M. *Isidore* Soulié, directeur du Musée de Versailles. » Lisez : *Eudore* Soulié.

Page 49. — « *a écrit* M. de Chennevières, inspecteur des Musées de *Picardie.* » Lisez : *m'écrit* M. de Chennevières, inspecteur des Musées de *province*. Depuis la rédaction de ce volume écrit à différentes reprises, M. de Chennevières a été nommé conservateur du Musée du Luxembourg.

Page 67. — « Chaque peintre, dit Lavater, se reproduit plus ou moins dans ses ouvrages ; *on y mêle* quelque chose de son intérieur et de son esprit. » Lisez : *ou y mêle*, etc.

Page 131. — « L'austérité des Le Nain est en sens contraire de ces galantes *reproductions*. » Lisez : *productions*.

TABLE

		Pages.
A William Burger.		1.
Chapitre 1er. — De l'idée fixe.		5.
— 2.	Biographie.	7.
— 3.	Manuscrit de Dom Leleu relatif aux Le Nain.	24.
— 4.	Entrée des frères Le Nain à l'Académie.	31.
— 5.	De quelques tableaux caractéristiques.	44.
— 6.	Portraits.	58.
— 7.	Tableaux d'église.	70.
— 8.	Dessins.	78.
— 9.	Le Nain vis-à-vis de ses confrères et de ses contemporains.	80.
— 10.	Musées nationaux et de province, contenant des œuvres de Le Nain.	85.
— 11.	Le Nain à l'étranger.	94.
— 12.	Opinions diverses sur Le Nain.	102.
— 13.	Gravures d'après Le Nain.	111.
— 14.	Suite des gravures.	122.
— 15.	Conclusion.	133.

NOTES.

Note 1re.	Catalogue de l'œuvre des Le Nain.	141.
	Tableaux des Le Nain, passés en ventes publiques de 1753 à 1853 :	
	1° Scènes domestiques, intérieurs de ferme, corps de garde.	143.
	2° Tableaux religieux.	178.
	3° Portraits.	183.
	4° Dessins.	185.
	5° Catalogue des estampes d'après Le Nain.	186.
Notes 2e.		188.
Notes 3e, 4e.		189.
Note 5e.		190.

Laon — Imp. de Ed FLEURY.

LES

FRÈRES LE NAIN

*Il n'a été tiré de cette Notice que cent exemplaires destinés
à la vente.*

DU MÊME AUTEUR :

Essai sur la vie et l'œuvre des Le Nain, peintres laonnois. Brochure in-8°. Laon, 1850. (Épuisé.)

Les Peintres de Laon et de Saint-Quentin. — La Tour. 1 vol. in-8°. Paris, *Didron*, 1855. (Épuisé.)

Contes posthumes d'Hoffmann. 1 vol in-18. Paris, *Michel Lévy*, 1856 (Épuisé.)

Le Réalisme. 1 vol. in-18. Paris, *Michel Lévy*, 1857.

Chansons populaires des provinces de France. 1 vol. grand in-8° illustré. Paris, *Librairie Nouvelle*, 1860.

Grandes Figures d'hier et d'aujourd'hui. — Balzac, Gérard de Nerval, Wagner, Courbet. — 1 vol. grand in-18. Paris, *Poulet-Malassis*, 1861.

De la Littérature populaire en France. Recherches sur les origines et les variations de la légende du Bonhomme Misère. Brochure in-8°. Paris, *Poulet-Malassis*, 1861.

EN PRÉPARATION

De l'Art en 1789. — La Faïence patriotique.

L'Imagerie populaire.

La Caricature dans l'antiquité. 1 vol. illustré.

PARIS. — IMPRIMERIE DE J. CLAYE, RUE SAINT-BENOIT, 7.

LES PEINTRES DE LA RÉALITÉ
SOUS LOUIS XIII

LES
FRÈRES LE NAIN

PAR

M. CHAMPFLEURY

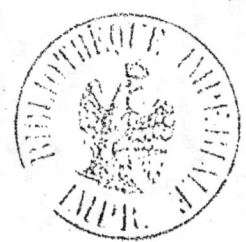

PARIS
LIBRAIRIE Vᵛᵉ JULES RENOUARD
ÉDITEUR DE L'HISTOIRE DES PEINTRES DE TOUTES LES ÉCOLES
6, Rue de Tournon, 6
1862

www.ingramcontent.com/pod-product-compliance
Lightning Source LLC
Chambersburg PA
CBHW071159240526
45470CB00017B/347